婚姻不只一张床
还有理解与爱

申俊霞 编著

煤炭工业出版社
·北京·

图书在版编目（CIP)数据

婚姻不只一张床，还有理解与爱 / 申俊霞编著. -- 北京：煤炭工业出版社，2018（2021.7 重印）

ISBN 978-7-5020-6966-7

Ⅰ.①婚… Ⅱ.①申… Ⅲ.①婚姻—通俗读物 Ⅳ.①C913.13-49

中国版本图书馆 CIP 数据核字 (2018) 第 245174 号

婚姻不只一张床　还有理解与爱

编　　著	申俊霞
责任编辑	马明仁
编　　辑	郭浩亮
封面设计	荣景苑
出版发行	煤炭工业出版社（北京市朝阳区芍药居35号 100029）
电　　话	010-84657898（总编室）
	010-64018321（发行部）010-84657880（读者服务部）
电子信箱	cciph612@126.com
网　　址	www.cciph.com.cn
印　　刷	永清县晔盛亚胶印有限公司
经　　销	全国新华书店
开　　本	880mm × 1230mm $^1/_{32}$　印张 $7^1/_2$　字数 200 千字
版　　次	2019年1月第1版　2021年7月第3次印刷
社内编号	9846　　　　　　定价 38.80 元

版权所有 违者必究

本书如有缺页、倒页、脱页等质量问题，本社负责调换，电话：010-84657880

前　言

　　心理学家说："婚姻将两个原本处于陌路的人组合成'一个人'，在家的这个点上双方归集和延伸。"

　　然而，婚姻并不像我们想的那么简单，"婚姻是爱情的坟墓"这句话说明婚姻不是百合花。

　　婚姻就像一辆行驶在路面的车子一样，它总要面对形形色色的路途：可能是宽广平坦的大道，也可能是狭窄崎岖的小径；可能会驰骋在青山绿水的江南，也可能会在茫茫戈壁中爬行。无论是在哪里，作为车手的你，都需要具有游刃有余的驾驶技术和化解危机的能力，才能载着你和你的另一半，还有你们的孩子以及由你们两个创造出的生活，高山平原、江河湖海便任你们纵横驰骋。

但是，如果婚姻这辆车你开得太久了，随着岁月的洗礼，锃亮的颜色可能就会日趋暗淡，机能也趋于老化。这时就需进行保养甚至维修，它才能正常运行，常跑常新！当婚姻走过了一段又一段岁月，走过了最初的甜蜜和激情，一切都被生活磨平了之后，琐碎的日子就会变得平淡且乏味，彼此的一些毛病和障碍也会随之而来。这时候，只有及时地进行精心养护——清除各种矛盾，在情感的加油站蓄满浪漫、体贴与爱恋，置换或者添加一些新鲜内容，它才能历久弥新，天长地久。

目 录

|第一章|

幸福婚姻是一种心态

理性选择婚姻 / 3

正确地看待婚姻 / 10

放下对婚姻的恐惧 / 17

婚姻是一种责任 / 28

幸福婚姻是一种心态 / 33

善待婚姻 / 38

门当户对，郎才女貌 / 44

有爱才有婚姻 / 50

婚姻幸福让你激情飞扬 / 56

婚姻不只一张床，还有理解与爱

|第二章|

品味幸福婚姻

婚姻需要一分沟通与理解 / 63

婚姻需要一个温暖的家 / 68

婚姻需要贤惠的妻子 / 75

婚姻的学问 / 80

婚姻幸福的秘籍 / 84

避免夫妻间的争吵 / 89

遵守婚姻的十一大定律 / 92

目 录

|第三章|

先有爱情，再有婚姻

先有爱情，后有婚姻 / 99

幸福婚姻，需要用心经营 / 105

婚姻需要共同的兴趣 / 109

婚姻需要耐心和奉献 / 113

婚姻需要互相欣赏 / 118

婚姻需要灵活 / 121

婚姻需要相敬如宾 / 125

别让生活过得太累 / 128

婚姻不只一张床，还有理解与爱

|第四章|

用心守护

婚姻的真谛 / 135

增强沟通，为幸福婚姻打下基础 / 142

婚姻需要用心经营 / 151

读懂婚姻中的平淡 / 157

婚姻的守护神 / 162

营造婚姻的浪漫 / 169

婚姻需要忠诚 / 174

精心照料婚姻 / 181

目 录

|第五章|

给婚姻一点儿空间

婚姻需要空间 / 189

保留相对独立的空间 / 194

幸福婚姻忌"强" / 200

学会服软 / 204

重视夫妻之间的交流 / 209

婚姻需要用心感受,用心交流 / 213

夫妻之间要互相欣赏 / 221

婚姻需要经营,不需要改造 / 226

第一章 幸福婚姻是一种心态

第一章　幸福婚姻是一种心态

理性选择婚姻

　　由于受封建社会的影响，在古代，包办婚姻盛行很长一个时期，那时候，男女的婚姻总是"父母之命，媒妁之言"，《西厢记》里的张生与崔莺莺，那可能只是前人的杜撰，但他们的故事却给后来的男女做了一个好的榜样，许许多多的爱情故事由此开始萌芽和发展起来。

　　不难看出，保守的古代人对爱情的自由追求在内心也有渴望。这与现代人还是有些相似之处的。

　　其实，在古代，女孩在爱情上也有自由选择的例子，最好的证明就是"抛绣球"。女孩手捧绣球站在台上，台下人头攒动，把绣球抛下去，谁接住就以身相许，有点听天由命的意思。说它有几分爱情的自由体现，那就是女孩看到自己中意的人，将手中的绣球抛与他。但是，绣球在女孩手中，能不能砸中自己中意的人也很难说，因为这在很大程度上决定台下有没

有自己的意中人。就算有，女孩抛绣球时也要有姚明投篮时的精准，以便击中目标。另外，男方还要能接得住，如果他在接球上是个菜鸟，绣球就很容易被他人抢去，最终会使两个相爱的人无缘。

在封建社会，对于女孩来说，这种择偶的方法要比家长包办、听天由命好得多了。至少它能给深居闺中的女孩一个选择的机会，至少女孩能从对方的外表上做出选择，而不是仅仅盲从，没有自己的一点儿主观意见。

从古至今，爱情都是一个不朽的话题。虽然古代女子受时代影响，无法大胆地选择自己的婚姻，但是她们的某些精神还是很值得现代女孩效仿的。比如，如果今天的女孩要想找到自己的如意郎君，则可以大胆地学一学古代的女子，把"绣球"主动而又准确地抛给自己喜欢的人。

那么，女孩子应该怎样向自己的意中人"抛绣球"，以追求到自己的幸福呢？

我觉得在爱情上，应该由男人来扮演主动的一方，因为女孩该有女孩的矜持和羞涩，如果男孩主动一些，可以让女孩更自然一些。当然，对于自己中意的男人，如果女孩足够勇敢，想表白也是未尝不可的，但是女孩不能表达得太直白，可以用暗示的办

法来追求自己喜欢的人。我们不能强求婚姻一定是轰轰烈烈的爱情，然而，面对人生如此重大的选择，一念之差也许会让你追悔一生，所以选择伴侣要擦亮眼睛，避免犯错误。

我之所以这样说，是因为有很多人在面对爱情和婚姻的选择上出现了很多错误的心理，导致日后的婚姻不幸福。为了避免更多的人深受其害，我这里给大家一一列举，希望大家可以谨记于心。

1.因为寂寞

寂寞感人人都有，但若因为寂寞而寻伴结婚，就显得有些不明智了。很多男人、女人因为寂寞而维持关系，结果争吵不断，感受不到幸福。

2.为了违抗父母之命

也许是父母认为子女太年轻，也许是认为子女选择的爱人不合适，但这些都可能引起子女强烈的逆反心理。尤其是具有叛逆性格的当事人，往往更会为了反抗而反抗。不过，需要提醒的是，这却可能是反抗父母主张最危险、最糟糕的行为。

3.降格以求，为结婚而结婚

这显然是愚蠢的错误，没有任何理由，有的只是不可思议，甚至荒唐。

4. 为逃离家庭

这是年轻人普遍会犯下的错误。为了脱离不快乐的家,或者逃避管束、向往自由,有些人经常会借结婚来达到目的。其实,这根本就是一种虚幻式的假独立。

5. 想当新娘

这种想法有些夸张,甚至荒谬,但的确有不少这样的荒唐女孩。她们把结婚当成节日,乐此不疲地化妆、宴请、拍照,觉得不仅浪漫,而且圆了公主梦。殊不知,很多人都只当了一日公主。

6. 对方外貌出众

虽然说俊男美女人人都爱,美貌的威力所向披靡,但如果除了美貌,其他必备条件都付诸阙如,可就成了悲剧。而且,千万别忘记,外貌的折旧率很高。

7. 摆脱单身

许多女孩还是不相信晚婚和不婚都可以是一种成熟的选择。生理时钟的催促、社会压力、惧做高龄产妇等因素,都会让人为了打破单身情况而结婚。但在这种心理因素下走出单身,是否真的可以永远幸福,不得而知。

第一章　幸福婚姻是一种心态

8.因为年龄

真正爱你的家人，是不会因为你的年龄来逼你结婚的。如果因为年龄大了而没有好好选择一位可以让你在生活、个性、心灵各方面契合的另一半，就意味着掉落在坟墓里。要每天过着无爱的生活，如同生活在监牢里。

9.为了欲望

信不信由你，男性更容易成为欲望的受害者。男人常常娶的并非心目中的最爱，而只是用欲望来牵制他们的女人。

10.寻求安全感

安全感除了自己给自己，别人是给不了的。试想，如果原来情愿给你依靠的肩膀，突然不情愿了，那该如何面对？

11.嫁个金龟婿，找个有钱人

女人找座金山来靠，谁能说不好呢？一切向钱看，尽管求财得财，但只怕其他方面未必如意。

不管怎样，选择终身伴侣不能只以爱为基础，这话也许听起来不太正确，但其中确有深奥的道理存在。爱，不是结婚的唯一基础，但它是一个婚姻的好结果。如果你过于盲目，只为了某些微不足道的事情而过早地、草率地走进婚姻，那么结果不好也是自然而然的事情。

当然，这个世界上没有什么事情是绝对的，没有一成不变、永恒静止的事物。爱情也一样，并不是承诺了不变就能不变、承诺了永恒就可以永恒的。相对来说，在爱情的世界里，女人付出的要比男人多，尤其是做那种追求事业、为事业打拼的所谓成功男人的背后的女人付出得更多。

　　其实，这样的例子在我们的生活中有很多。男人太忙，因而女人在家里带孩子、做家务，成功后的男人会要求女人放弃工作，或女人自己因为太累而放弃工作在家做起了全职太太。久而久之，那成功的男人和整日待在围城内的女人便有了距离，两个人不能在一个层次上相互呼应，双方的价值观、人生观也逐渐不同。当女人的付出已成为一种习惯，男人也觉得女人的这种付出是理所当然的时候，男人便会看扁那个为自己付出的女人，爱情也会悄悄走远。

　　一个人，尤其是女人，在婚姻中拥有独立的情感和自我是非常重要的，这是婚姻稳定的基础。你对婚姻无论有多么大的期待，你对丈夫有多深的爱，首先不要放弃自我的发展，要对自我有一个清晰明确的认知，一定不能丢掉自己的工作、自己的学习、自己的圈子。如果你在这方面缺乏自我，完全依赖他的话，他就太有可能把你丢掉了。因为丢了自己的人，说明她

第一章　幸福婚姻是一种心态

不懂得珍惜自己，自然也不会得到别人的珍惜，也很容易就会被别人丢掉。

婚姻需要两个人去共同创造。美好的婚姻需要一辈子锲而不舍地去创造。每一个婚姻发展的阶段都有创造的机会，创造成功的婚姻有许许多多的科学知识和技巧，都需要人们去不断地学习，不断地整理，这样才能把美好婚姻进行到底，拥有幸福。

正确地看待婚姻

婚姻是人类特有的一种文化，有着极为丰富的内涵。我们经常会看见很多人过着幸福的婚后生活，所以我们也很向往可以拥有一段美好的婚姻，希望可以获得幸福。但是，并不是所有的婚姻都是幸福的，世界上没有两片完全相同的树叶，世界上也没有完全相同的婚姻。

其实，当我们抛开那些林林总总的具体事件，进入婚姻文化的核心，以另一种眼光来看婚姻，就会发现构成婚姻的要素虽然很多，但是最为基本的、最首要的，就是承诺。

承诺是一种认知元素，是维持关系长久的动力，它体现于忠诚、亲密、患难与共的关系之中，是男女双方以身相许关系持久化的原动力。承诺在爱情和婚姻中占主导地位，只有在认识到"平稳安定即是幸福"的前提下承诺才会牢靠，承诺是婚姻中男女不离不弃的契约，把这种约定推到极致，便是同生共死。

第一章 幸福婚姻是一种心态

史密斯和爱丽丝是一对年轻夫妻，他们十分恩爱。

有一天，吃过了晚饭，他们动身去看电影。在走到一个火车道口时，爱丽丝的脚不小心滑了一下，碰巧插进铁轨和护板之间的缝隙，无论如何都不能把脚抽出来。而就在这时，一列火车却越驶越近了。

史密斯拼命地想把爱丽丝的脚弄出来，可是不行，脚卡在缝隙里根本拔不出来。火车越来越近。

火车司机直到离他俩很近时才发现他们，司机拉响了汽笛，猛地拉下制动闸，想把车刹住。

史密斯跪下来，想扯断爱丽丝的鞋带，但已经来不及了，火车呼啸着朝他们驶来。

"没希望啦！"信号工尖声叫着，"你救不了她了！"

爱丽丝也明白这点，她竭尽全力地想把丈夫从自己身边推开："离开我！史密斯，快离开我吧！"

史密斯只有一秒钟的时间可以做选择，救爱丽丝是不可能的了，可他现在还能让自己脱险。但是，在轰轰隆隆的火车声中，信号工听到史密斯喊："爱丽丝，我跟你在一起！"

"我跟你在一起！"这个承诺不知史密斯对爱丽丝说过多少次，现在，他再一次用自己的生命向爱丽丝做出了最好的证明。

在生死关头，史密斯没有背弃爱丽丝，他和她在一起，他兑现了自己的承诺。婚姻，正是因为有了承诺才显得踏实而稳固。

有了承诺的婚姻固然稳固，但并不是绝对的，因为还有一小部分人因为种种原因没有兑现自己的诺言。但是，只要经过了婚姻的疲乏阶段，那么这个婚姻也就走向了真正的成熟和稳定。

对此，瑞典的一个科学家经过研究，最终提出婚姻有三个阶段，第一个阶段是蜜月期。两个人刚结婚，甜蜜得不得了，你中有我，我中有你，恨不得每时每刻都在一起。这种状态不可能老这么下去，所以会转到第二个阶段——分离期。结婚以后感觉失望了，孩子出生以后矛盾越来越多了，这时女人曾经对婚姻的幻想就会逐渐破灭，回到现实生活中。这时候家庭生活中可能会暴露出对方的一些缺点，两个人的关注点也会有所不同。男性结婚后感觉会踏实、安全许多，他可能就会忙于事业。而女人可能因为有了孩子，而把注意力过多地放在孩子的身上，这样两个人之间关心少了，矛盾也会越来越多，这时有可能是婚姻当中最黑暗的时期，很多人会觉得婚姻快完了。婚姻的第三个阶段就是成熟期，两个人开始磨合，矛盾磨合好

第一章　幸福婚姻是一种心态

以后，两个人又慢慢地回来了，互相之间又多了一些关注和牵挂，这是一个非常理想的状态，两个人可能相知的程度很深了，你只需看他的眼神就知道他要干什么，虽然少了谈恋爱时的热烈，却多了一些深深的爱。

在爱情这个问题上，女人是不够理性的，女人是完全的爱的动物。但是，很多人都说女人是善变的，因为女人是很善于放弃爱的动物。

其实，无论对于男人来说还是对于女人来说，爱在人的一生中都是非常重要的，它鼓舞起女人最初的生活风帆，但船帆很快就落下来了，在漫长的一辈子的航行中，鼓满了风的帆，始终只是女人的秘密，是她们内心苦涩而日渐远去的记忆。因为苦涩，因为渐行渐远，所以对她们而言越发重要，越发珍贵。爱是她们柔软内心深处的泪滴，是她们内心秘密的珍珠。

有一个女人，爱上了一个看上去一无是处的男人。人们对此都疑惑不解，而她也说不出自己的任何理由，就是喜欢，就是爱，让人觉得无可奈何。其实对她来说，还是有充足理由的。那就是因为他的体味。对她而言，他身体上散发出来的气味是致命的。她被这股气味所迷惑，不能自拔。

也许有人会说，这能算理由吗？其实，爱情真的需要理由

吗？爱上一个人真的有那么多理由吗？然而，这个女人爱上了这个男人之后，并没有被广泛理解。因为其理由太独特了，因为体味就会爱上一个人，这让人很难理解和想象。

其实，这就是女人的悲哀。每一个女人都用坚硬的蚌壳将自己与爱的世界无情地隔开，而在其金黄柔软的内心深处，用泪，用一辈子的时间，凝结起一颗感伤的珍珠。

但是，对于人类来说，由于我们具有非常丰富细腻的情感，所以，我们很容易就会在某一方面对人产生好感。于是，在这样的背景下，社会学的专家们研究和分析了恋爱的生命质量后，把恋爱或婚姻归纳为如下七种类型：

1. 完美的爱

同时具有承诺、亲密、激情三项元素。这种爱情是完美无缺的，但是能达到这种境界并长期存在的人，据统计不过20%左右。

2. 浪漫的爱

缺少承诺而只存在亲密、激情的不完美的爱。现代有些人喜新厌旧、婚外情人等往往属于此种类型。

3. 呆傻的爱

缺少亲密而只剩承诺、激情的爱。有一个女孩，一见钟情地迷上一个流窜犯，由于入不敷出，最后走上贪污，甚至卖淫

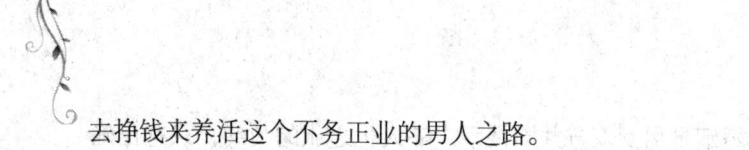

去挣钱来养活这个不务正业的男人之路。

4.伙伴的爱

缺少激情，而只有承诺、亲密的爱。如旧社会中的包办婚姻、父母之命、媒妁之言往往成就双方这种婚姻。

5.苍白的爱

只有承诺，而不具备亲密、激情的爱。比如有位单身女士因病卧床不起一年，为了感谢其同事对她一年多的悉心照顾，以结婚的形式来报答那位男士，这样的爱不能称为真爱。

6.赞赏的爱

只有亲密，而不具备承诺、激情的爱。仅是出于某方面的喜欢或认同感而建立的恋爱或婚姻关系，如两个同样远离家乡的打工者，在外地萍水相逢，经闲聊后才知是同乡，从而产生一种他乡遇故知的情感。

7.迷恋的爱

指那种只存在激情而不具备承诺和亲密的爱。如一些一见钟情便托付终身、一夜风流、露水夫妻等常属于这种类型。年轻人必须明白激情绝不是爱情，至多只是性爱的一小部分。如果误将激情当爱情，当激情很快过去后，爱情的生命力也就枯萎停止，所以在热恋中结婚并不是十分适宜的。

婚姻是男女双方共同携手走完人生之旅的契约，只有正确理性地看待婚姻，才能善待婚姻，经营好婚姻，彼此成就一段完美的姻缘。

第一章　幸福婚姻是一种心态

放下对婚姻的恐惧

　　以前，我就听很多朋友说，她们非常恐惧结婚。当我结婚后，我又发现身边很多人也很惧怕婚姻。我渐渐发现，恐婚心理还是比较普遍的。

　　对于女人来说，恐婚的第一个阶段会出现在谈婚论嫁阶段，主要是对婚姻持久性的怀疑和恐惧。这种恐惧一是来源于社会舆论对婚姻生活艰难性的负面宣传，以及一些媒体对各种婚姻问题的剖析过多地暴露了婚姻的阴暗面，使有结婚意向的人感到一种无形的压力，以致产生对婚后生活走向的过分忧虑和对婚姻失败的恐惧。另一个原因是，一方对另一方某方面不是很满意，或对对方的某种不良习惯在成家后能否改变、自己能否适应等心存疑虑。

　　第二个阶段是结婚的前一个月或前一个星期，具体的症状就是恐惧、紧张、焦虑等。与第一阶段不同的是，这时产生恐

婚的原因是对婚后生活困难程度的扩大。

人们恐婚还有很多原因，其中比较重要的一个就是现在年轻人大多数会婚前同居，因而对婚姻失去了新鲜感，反而对婚后责任产生了更多考虑，由此便表现出对结婚的恐惧。

此外，婚礼的演变也是产生婚姻恐惧心理的重要原因。原来的结婚模式多为父母操办，而现在多是年轻人自己料理。结婚时很多繁杂的事务，也使年轻人产生心理疲惫感和恐惧感。

现代人的生活更趋社会化，原来以家庭为中心的生活模式已经发生了根本的改变，所以婚姻带来的家庭间的重组必然带来情感和经济上的摩擦和碰撞，这些都从侧面加剧了年轻人的恐婚心理。

李晓杰和男友郭启刚相爱并同居多年，但是她屡屡拒绝男友的求婚。一想到结婚，她的脑海中就会冒出无数个问题："真的是他吗？""我适合结婚吗？""结婚会不会让我失去自由？"各种可怕想象占据了她的大脑。

人们在结婚之前，都或多或少有过这种心理反应。对于结婚条件已成熟却患有"婚姻恐惧症"的女性，最好及时向自己信赖的人倾诉，讲出自己究竟"害怕什么"，或把恐惧的心理记录下来，然后分析害怕的事情发生的可能性有多大。

"逃跑新娘"们常见的心理矛盾有以下几种情况:

1. 我适不适合结婚

很多女性担心自己不够成熟,婚后会"原形毕露"。其实即使我们有些欠缺,但如果在恋爱中已能维持长期稳定的关系,就不必过度担忧。

2. 是不是他

如果婚前突然怀疑对方是否适合,可通过回忆两人相识到现在都发生了哪些事,男友的性格怎样等来判断他是否适合,以缓解这种焦虑感。

3. 婚姻是种捆绑

婚姻是一种生活方式。其实只要和对方沟通协调得当,则婚姻中不仅可以保有自己的空间,还可以通过共同努力增加快乐。

出现恐婚症状的男女比例大致持平,只是恐惧的内容各有不同。一般情况下女性担心的是婚后短期的、当前的家庭生活,其中包括和公公、婆婆、小姑及其他家庭成员关系的处理和协调;因为不会做家务,而担心别人挑剔自己。

屡次"出逃"的杨女士的例子比较典型。她"出逃"的原因是觉得自己无法承担婚后生活,在家的时候她是被照顾者,而对方家庭中的父亲经常生病,未来的婆婆又不是很会做饭,

她担心到新家后，要学的东西很多，要去照顾别人，她觉得自己可能做不了，怕别人挑自己的短儿。在心理医生的帮助下，她和她的爱人进行了比较坦白的沟通，她的爱人承诺说可以帮助她慢慢地适应，并帮她建立起了信心。婚后，她才发现婚姻并非像她想的那样，很多事顺理成章地就适应了。

女人还担心婚姻会产生变化，担心爱情不会长久，会失败，害怕感情中间出现别的波折，出现别的插曲。比如说，结婚以后，丈夫突然移情别恋了。还有很多女性，虽然是现代人，但她们并没有摆脱传统的心理，她们心里想，我嫁给你，我就是你的人了，我这一辈子就属于你，如果你不爱我，我怎么活下去？所以她们会恐惧。

恐婚症对生活和工作都会有影响，通常"症状"是烦躁、脾气比较急、爱发火，有的人会沉默寡言，不愿多说话，进而影响到工作和生活。

如果担心不适应未来的生活，那么在讨论结婚前，应经常到对方家里坐坐，了解他（她）的家人，或者和他（她）多谈谈他（她）的家人，直接或间接地了解未来的家庭成员的生活习惯等，这个过程也是心理适应的过程。

对婚姻持久性产生怀疑和恐惧时，要保持开放的态度，跟

第一章 幸福婚姻是一种心态

对方沟通交流，进而打消这种疑虑。无论出现什么情况，类似对方突然不愿意结婚这种事，可能你会觉得很不舒服，但不要急着否定双方的感情，还是多问问他（她），可能他（她）有其担心和顾虑的原因，他（她）的担心未必是多余的，有时可能是很实际的。

我们大家都知道身心是相通的，结婚恐惧症会使人产生焦虑、紧张情绪，引起失眠，很自然就会影响我们的工作和生活，那么我们怎么来调适，怎么来调整，才能正确地面对生活，面对婚姻？如果协调好，对婚后的生活也是很有利的。下面我为大家列举了一些婚前恐惧的原因和解决的办法，希望大家可以从中借鉴一下。

1.担心婚后不自由

一向自由惯了，真要结婚生子，规规矩矩做居家女人有时还真受不了。未婚时，可以泡吧，可以想睡多晚就睡多晚，可以和异性网友保持暧昧关系，可以叫一群死党来家里狂欢……结婚后可没这么自由了，要照顾老公的情绪，还要在乎婆婆的脸色。面对这样的情况，你就要尝试承担。在步入婚姻生活的初期，单身惯了的人可能会有许多的不适应，比如讨厌二人天天相对，讨厌生活琐事，但无论如何，都不要轻言放弃。不妨

为自己设定一个三个月的时间段，在这期间尽力承担自己应尽的那份责任，渡过心理适应期后，你对爱情与家庭的信心，一定会飞快增长。

2.担心做家务太累

很多人认为自己是家里的独生女，从小就被父母视为掌上明珠，从来没有做过家务，最多整理一下自己的小屋。可是结婚后就不一样了，要学会做饭洗衣服，还要拖地、整理房间，光是这几样就能占去大半的休息时间……真想一辈子生活在父母的庇荫下，这样就不会头疼家务活了。面对这样的情况，每个女人都将会成为主妇。遗憾的是，"主妇"目前在中国并不是一个值得骄傲的词，家务劳动一直以来都被社会和男人们所忽视甚至轻视。我们无法让男人像笑话里一样，亲身体会家务劳动的烦琐和辛劳，但家务的价值和其他任何劳动一样，绝不能轻轻一笔带过。尊重家务劳动不但是新版《妇女权益保障法》的突破性成果，也是男女平等的根本前提之一。

3.担心和婆婆合不来

由于结婚以后就要和公公、婆婆住在同一屋檐下，个人的生活习惯暴露无遗，相互间的摩擦也就不可避免。他父母能容忍我吗？我能在这个家里过得愉快吗？想得越多，就会越害

第一章　幸福婚姻是一种心态

怕，造成了恐惧。在这样的情况下，为了做好适应新生活的精神准备。婚前就应想到婚后生活的各个方面都会发生显著的变化，不仅只为和爱人生活在一起，还有双方的父母、兄弟、姐妹以及亲戚朋友，要学会与他们和睦相处。

4.现代的包办婚姻，对未来老公不够了解

现如今，到了结婚的年龄还没有对象的人太多了，家人迫不及待，会不断催促、安排子女去相亲，在他们的一手"操办"下，青年男女决定"闪婚"，但那一天真的来了，又会临阵脱逃。还有就是很多人都有这样一种现象：我和他是亲戚介绍的，由于在两个城市工作，我们相识半年只见过三次面，家人都说我们年龄不小了，催着我们在这个"五一"完婚。可是我对他还不了解啊，他的生活习惯，他的朋友圈，甚至他是不是专一，原来有没有谈过女朋友我都不清楚，真是无奈啊，每次一想到这些就头大，真不想结这个婚……面对这样的情况，男女双方需要不断地加强相互之间的了解，加深感情，这是最重要的婚前心理准备。这项准备若不充分，其他准备再完备也不能保障婚后生活的美满幸福，纵然是婚前物质准备应有尽有了，也难以弥补心理的损伤，难以维持夫妻真挚的恩爱。建议你们还是多了解一下再考虑结婚，或者婚前长谈一次，尽可能

多地互相了解,或许可以消除对未来婚姻的恐惧感。

5. 担心婚外情,害怕离婚

恐惧原因:现在一打开报纸、网络,铺天盖地都是出轨、外遇的消息,即使是恋爱多年的人结婚后,也会出现七年之痒、十年之关等,让人心慌。特别是很多单亲家庭长大的人,特别害怕结婚后又离婚,所以干脆就不结婚,其害怕婚姻给自己再次带来伤害。面对这种情况,心理专家建议多看一些幸福婚姻的报道,了解外遇和出轨只是婚姻的小部分案例。要相信爱情,相信婚姻,同时也应该多学习一下升温爱情的小招数,只要用心经营,婚姻真的会很美好!

6. 担心他不是自己最爱的人

他是我的大学同学,我们马拉松恋爱了八年,如今家人都催我们结婚,这虽然看起来好像是水到渠成的事,但我心里却一直高兴不起来。因为长时间的拍拖,我们已经没有了心跳的感觉,只有一种亲人般的默契和温开水般的生活。越临近结婚,我就越害怕,担心他不是我的最爱,担心他只是一个好的结婚对象,而不会为我带来激情……

虽然他可能不是你最爱的那个人,但是他将是你现在和未来最亲密的人!有些爱情永远是远观的好,有些甜蜜还是珍藏

的好，你最爱的人也许并不适合做你的老公。珍惜现在，你就一定是最幸福的新娘！

7. 担心结婚后会影响工作和前途

谁不想有人爱有人疼，早点结束单身的生活，但结婚对女人来说未必是件好事。现在工作竞争那么激烈，很多刚毕业的本科女生都找不到工作，更别提结婚后的女人了。一直不敢结婚，是因为害怕结婚后竞争力降低。没见很多单位招聘时直接就问你"有没有结婚"吗？而不少女人为了找到一份合意的工作，不得不隐埋自己已婚的身份，成为新的都市隐婚族……面对这样的情况，女人要认识到结婚生子是一个女人的必经阶段，如果说22岁的女子是靠一点青春和乖巧博得好感的话，一个28岁的女人则需要体现稳重和能干。

有一个30岁的未婚女人到某公司应聘，她的能力和经验都得到了该公司的认可，但只有一点，该公司对她30岁还未婚表示疑惑，担心她的性格有缺陷，最后还是拒绝了她。

所以，一个大龄女子为了工作而不结婚是完全没必要的，只要你不是未婚生子，正常婚育是公司和个人都应该考虑的问题。

8. 担心结婚后丧失魅力，没人欣赏

一些女性很享受现在被人追的感觉，如果一直不结婚，就

一直会有这些痴情男追随我的"石榴裙"。女人未婚就是最大的资本，可以尽情享受男人的疼爱，又不必像家庭主妇那样把自己熬成黄脸婆。如果有一天我结婚了，没人追了，我还向谁展示自己的魅力？此时就要认识到结婚并不意味着走进坟墓，结婚后的女人也可以有自己的魅力和朋友圈，当然这种朋友圈并不是要你和异性保持暧昧关系，对人家的示爱若即若离。你可以和异性保持一种纯友情的关系，就是现在流行的所谓"蓝颜知己"。

每个女人，骨子里大概总有这样一种情结，想拥有个"蓝颜"做知己。这个"蓝颜"不是夫，不是情人，而是居住在她精神领域里的那一个，他不一定英俊，但一定成熟可靠，善解人意。女人的梦里，总期望着能与这样的男子相遇，一旦遇上，她们的寂寞和软弱，便有了寄存的地方。

9.担心"婚姻是爱情的坟墓"

人人都说"婚姻是爱情的坟墓"，哪怕爱情再美好，进入婚姻就没有了激情和甜蜜，只有无尽的琐碎和烦恼。要是不结婚可能就没有这么多麻烦事儿了，可以尽情享受生活，享受爱情的滋润。

我们要走出婚前恐惧症，首先要摆脱对婚姻生活的幻想，不要存在过高的期望与奢望，不要认为爱人就该样样都好，完美无缺，蜜月真的比蜜还甜，应该清楚地认识到，新家庭的诞生，就意味着负担的加重，意味着双方要为家庭尽力尽责，尽自己做丈夫和妻子的责任。

从上述分析可以看出，因为婚姻对每个女人来说都是一件人生大事，所以婚礼前出现不同程度的紧张情绪也是很正常的心理现象。

结婚之后，我发现婚姻是非常美好的。我觉得越是在乎婚姻的人越会感到紧张，而过度的紧张才会衍生婚前恐惧症。当万事俱备，只差婚礼这临门一脚时，有些人却迟疑了，于是便做了落跑的新娘。其实，只要正确看待婚姻，正确认识家庭，恐惧心理自然就会消失。

婚姻是一种责任

　　结婚不是单位的事,不是国家的事,完全是个人的事情。每个人都必须对自己的选择负责,每个人都有责任在结婚前对结婚对象有一个真正的了解。如果你对你的结婚对象"包二奶""重婚"这些事情都没有一点察觉,就和他(她)结婚了,这是非常草率的,是对自己的不负责任,那么即使最后出现什么后果,也只能由你自己来承担了。

　　许多人因为极为渴望婚姻,所以不想对结婚的对象有过多的质疑和猜忌。关于婚检一事,由于担心会因此查出自己有什么问题而影响婚姻,所以许多人结婚前选择放弃婚检;还有许多人认为彼此非常了解了,不需要再做婚检。其实,这两种想法都是不负责任的。决不能因为贪一时的便宜,顾一时的快乐,便不考虑自己的未来。我们应该清楚一点,每一个心理健康地对待爱情和婚姻的人都是希望自己的婚姻长久、和谐的,

这就需要大家在走进婚姻前认真地对待婚检。

不能否认婚前存在的隐患问题，也不能逃避这些问题。我们要知道，婚姻是个人的事情，个人有权处理，但同时更需要合理地处理，绝不能因为这种个人性而逃避相应的责任。我们需要对对方，还有婚姻本身负责。

在这里我想给大家一些建议，对于未恋爱的人来说，在选择配偶时，要考虑两人之间是否有爱存在，千万不要盲目；决定结婚时，更要理性地考虑，对将来的生活的转变要有心理准备，因为结婚是人生的里程碑。结婚表示肯负起照顾另一个人的责任，当配偶遇到挫折时，你要悉心地帮助他（她），直至他（她）能再度站起来；当配偶有成就时，你会以他（她）为荣，并鼓励他（她）再攀高峰。

婚后，丈夫和妻子各自向他们的朋友抱怨。

丈夫："我想和她一块做事，她却只想跟我讲话。"

妻子："没结婚时我就话多，可那时候无论我讲多少废话，他都爱听。婚后我一开口，他就皱眉头，嫌我烦。"

这的确是事实。婚后和婚前的强烈反差让很多夫妻不知道该如何面对。恋爱时，男性较愿意听女友谈心，一旦结了婚，就愈来愈少与妻子交谈。男女对于交谈的不同态度和期望，无

意中降低了交谈的质量，表现为情商的降低。这是人之常情，但是如果处理不好这种变化，有可能就会给婚姻生活带来很坏的影响。

婚前婚后女方想说的话有了很大变化。婚前的交谈主要是关于两个人的关系，爱的呓语。即便反复唠叨，也只是说明爱之深切，爱侣自然不会反感。然而婚后，爱的呓语没有了。取而代之的是关于生活小事的烦恼，自己的忧愁、身体的不舒适、家务的劳累等，丈夫对这些并非没有感知，但他宁愿两人一块做事，也不愿听无穷无尽的抱怨。

作为丈夫，应该理解妻子。婚后，妻子一般都把丈夫当作倾诉的对象，女性情感较丰富，对各种刺激的反应较明显，容易引发情绪的大起大落。而丈夫却很少像婚前那样温柔地爱抚她，这会使她对丈夫有失望感，这种失望反而加剧了她的絮叨，希望这样会引起丈夫的重视，这时候丈夫最好的方式是聆听。

此外，在某种程度上说，丈夫对于婚姻的预期通常比妻子更乐观。一项研究说明，丈夫在婚姻的各个层面，如性关系、财政情况、是否倾听、能否相互包容等方面，都比妻子更为乐观，而妻子则更多地注意到婚姻的问题，所以也就比丈夫更会抱怨。因此，如果丈夫能够体谅妻子，给妻子更多的倾诉机

会，这样婚姻生活就会和谐许多。

一般来说，情绪都是通过体态语言加以表达的，夫妇间恶语相向时，表示轻蔑在所难免，但愤怒加轻蔑，将使情绪处于决堤的边缘。因而，情商较高的夫妇都会努力避免这种情况。比如最常见的形式是侮辱或嘲讽的字眼：混蛋、不要脸的、软弱无能，等等。体态语言如嗤之以鼻、眼睛上扬、嘴角微撇等。

轻蔑表示夫妇对伴侣作了最低的评价，诉诸语言或行动之后，对方不得不逃避或采取守势。倘若在发怒时导致恶言相向，在长期的冲突中，一方可能干脆不说话，导致一方进攻，一方沉默的冷战。冷战是由于夫妻双方根本不进行情感交流，所以，它比恶言相向更威胁婚姻的稳固。

而且，通常情况是妻子对丈夫表示轻蔑，而丈夫以无声加以回击，婚姻关系到这一步，伴侣已形同路人，甚至如路人间偶尔的心灵撞击，在伴侣间都找不到了。

研究表明，即使夫妻一方只是略为表现某种意含轻蔑的表情，另一方也会迅速作出无言的反应：心跳加快，呼吸急促。长期如此，不但彼此关系恶化，健康状况也必定每况愈下。所以，做好彼此间的感情交流和沟通，有利于更好地认识自己的婚姻，拥有美满的婚姻生活。

其实，婚姻是一种有缺陷的生活，完美无缺的婚姻只存在于恋爱时的遐想。那些婚姻失败者之所以失败，就是因为固守着一个残破的理想，太渴望完美所致。走进婚姻，我们往往会犯一个相同的错误，即不懂得珍惜已经拥有的，总是千方百计寻求不可能得到的。当婚姻遇到挫折或危机时，我们首先想到的并不是自己的缺点，而是看对方的不足。

相信自己的婚姻，自己在婚姻中是幸福的。也许我在婚姻关系中做得不是最好的，但是我一定做得比较合适，遇到问题的时候，处理得比较妥善。夫妻本是同林鸟，双宿双栖双双飞。爱情之花应植根于互敬互爱、互助互谅的土壤中，学习一些好的婚姻习惯，这样男女彼此就会拥有更多的空间、更多的宽容。这样既是对婚姻负责，也是对自己负责，对自己的家庭和亲人负责。

幸福婚姻是一种心态

对每一个人来说，结婚都是人生的头等大事，关系到一个人一生的幸福。它是一种双方的盟约，而盟约的缔结，除了双方的权利和义务外，还不可避免地附加了成本与收益的问题。换句话说，幸福的婚姻包含了太多的东西，它并不是如你看到的那样简单。

人通常会权衡婚后生活和单身生活的利弊，当结婚的"利"大于单身的"利"之后，他就会去选择婚姻。比如，结婚的"利"有收入的增加，满足爱的需要，生活需要可以长久维持；"弊"有财产归属的纷争等。只要利大于弊，婚姻就会维系。所以有人建议男性朋友婚后要死死控制财权，同样也建议女性朋友在婚后必须争取财产权，以为在经济上拴住人就可以拴住对方的心。可是很多事例表明，单纯凭借经济绳索拴牢的婚姻关系，往往只剩下一个徒有其表的一纸婚约，而与幸福

无关。

还有人认为只要彼此相爱，婚姻就会长久。可事实是，仅仅凭借爱情的热度，即使非常相爱，经历过千难万险的苦命鸳鸯也会选择分手，仅仅靠爱情是不可能维系婚姻稳定的。婚姻还包含了太多的内涵。

首先，婚姻是有道德价值的。

可以说，婚姻负载了许多的亲情和义务，因此婚约也是一份道德合约。婚姻在形式上是两性相悦的个人行为，但在本质上却是一种社会行为，要接受社会道德标尺的丈量。"死生契阔，与子成悦。执子之手，与子偕老"，这就是一种沉甸甸的道德责任的承诺。如果你做了超越社会道德标准的事，对不起，你就是违规操作；如果你道德责任投入不足，那么你的婚姻就可能先天不足，后天失调，弱不禁风。

其次，结婚有经济成本。

为了结婚，购房、酒席、养家养子，哪样不需要经济支出？婚前的物质准备包括结婚时必要的生活用品的购置和婚后生活的经济来源。购置生活用品时，要根据自己的经济支付能力，本着勤俭、实用、美观、合理的原则，统筹计划，合理安排。婚后的家庭是一个独立的消费单位，应量入为出，勤俭持家。所有的这一切，原本一人挣钱一人花，一人吃饱全家不饿，现在却要分配给配偶和孩子……你的收入被分流了，那么你是否能换来等值的回报？

再次，结婚的成本还有事业和情感上的。

如果你事业成功，再找个温柔体贴的伴侣，可能会锦上添花，但也可能一不小心被婚姻拽垮你的事业，生活的重负让你停止了追逐事业的脚步。情感的付出更是无价的，你真心的付出也许是婚姻的凝固剂、婚后的生活的润滑剂，但也可能让你的心流血呻吟。

结婚后你还面临婆媳之间的微妙关系以及身份的升级贬值。作为女人，结婚前你是女孩，婚后就是女人了，这是不同的。此外，结婚前你是少女，婚后是老婆，而且被叠加了许多别的身份：妻子、母亲、儿媳妇、嫂子、弟媳、妯娌、连襟、婶婶，等等，这一切身份的获得，都需要相应的亲情以及行为规范作为回报。

此外，婚姻还有许多隐性的长远的支出，比如以下一些比较重要的方面：

1.爱好

选择婚姻必须放弃一部分个人爱好和兴趣。

2.自由

得到幸福家庭的同时,必须放弃很多自由的选择,包括与异性的亲密交往,与小姊妹逛街戏耍……

3.青春

女孩子一结婚,少女时代便被画上了休止符。这往往意味着告别青春,告别撒娇,告别男孩子的火辣眼光,告别父母的荫庇与宠爱。

4.性

婚内性看似便宜,其实有时也是比较贵的。性是婚姻的附属品,似乎是平等交换,不需要太多投资。可是,性的贵在于它被框定在固定的范围内,你不能越雷池半步。如果婚内性得不到满足而有所僭越寻求婚外情,则可能因违背道德合约而付出昂贵的代价。

5.时间

结婚前你有大把的时间无法消磨,结婚后柴米油盐酱醋茶,孩子工作绕身转……熙熙攘攘,为家忙,为爱人、孩子忙,牺牲许多与朋友聚会、放飞个人爱好的时间。

你或许会觉得在这些条条框框的约束下,幸福离你很远,但其实不然,很多时候,幸福只是一种态度,它可以离你很

第一章　幸福婚姻是一种心态

近，也可能离你很远，关键在于你用什么眼光看，用什么心态面对。如果在你失意的时候有人送上一句安慰和一句祝福，那么即使你们相隔千里，你也会觉得自己是幸福的。

有时候，幸福是一样东西，在你费尽周折得到的时候；有时候，幸福是一个目标，当你长途奔波抵达的时候；有时候，幸福是一次比较，当你看到别人不幸的时候；更多的时候，幸福是我们的一种感觉、一种心态，只要你领悟了，其实幸福就在我们生活中的每一个角落。

善待婚姻

在西方人看来，上帝造人的时候，为了增加人的痛苦，将他们分成两半，在地球上到处抛撒，于是人的一生，就是为了寻找自己的那另一半，而究其一生。那个适合你的人，才是当初被分开的另一半。当这个问题上升到了婚姻的高度，我们更应该慎重对待。如果你做好了准备要走进婚姻的殿堂，希望你还是好好考虑一下，我认为婚姻中最重要的是两个人的人生观要一致，这是婚姻中最重要的心理因素。

我们每一个人都具有意识和思维，是人类区别于其他动物的根本特征，而情感需求更是人类所独具的高级思维。作为社会性的人类，孤独寂寞是无法忍受的，精神上的孤独会给人们带来意想不到的伤害。

美国的科学家曾做过一个试验，让志愿受试者待在几十米深的地下室中，地下室的四壁都装着吸音材料，没有声音的折

射和混响，深深的地下更是隔绝了地面上的一切喧嚣。受试者可以睡觉、休息、散步，但是没有办法与任何一个人交流。刚刚进入地下室的受试者，都感到了前所未有的安静，心中有一种超越尘世的欣快感，但是几个小时之后，在没有任何外来声音和没有任何人可以交流的环境中，这种欣快感很快便荡然无存了，而且受试者也变得烦躁不安，最后都要求走出实验室，并且再也不想回去。

作为一个心理健全的人，情感需求不仅是正常的心理需求，而且还是融入社会的一个重要因素。而爱情是情感需求中特殊且微妙的内容，婚姻将这种需要锁定在特定的对象身上，相互的情感付出与获得，使夫妻双方在心理上得到满足。

夫妻彼此相互给予的情感多种多样，关键是要相互理解。同样是喜爱和表达，既可以是强烈、丰富、热情奔放式的，也可以是含蓄、温柔、和风细雨式的。

一般来说，夫妻婚姻初期常体验到的是热烈缠绵的炽热情感，但随着时间的推移，感情日渐趋于平淡、成熟和稳定，更多地表现在生活的细节和关心上。当然，心理健康的夫妻很善于适当地彼此称赞、欣赏，让对方知道你喜欢什么或不喜欢什

么，尽量避免不必要的伤害感情的举止和行为。

有两对夫妇，一对奉行享乐主义，对所有的娱乐和旅游项目都积极倡导；而另一对是谨慎的节约主义者，为了防老，为育子，就是坐公车还要考虑是地铁省钱还是大巴省钱。两对夫妇各得其所，日子过得很甜蜜。但是，假如换过来……后果不堪设想。

所以，你是什么人都没关系，要紧的是得找一个和你在人生理念上一致的人。所谓萝卜青菜，各有所爱，相信这世上一定有一个欣赏你、和你一样的人。除此之外，婚姻还有一个要素，不是性格，不是挣钱多少，也不是吃饭的口味和他有没有体味，而是你能否在对方面前做到真实放松。有一篇文章，讲日本太太如何讨好丈夫欢心：

算好丈夫下班的时间，赶在这之前化好妆，换上最悦目的衣服，在给丈夫开门的一瞬间，再露出完美无缺的笑容。晚上，在丈夫更衣之前，抢先躺在床上，穿性感的睡衣，洒上撩人的香水，开昏暗的灯。早上，更要在丈夫睡醒之前醒来，否则让他看到枕边人蓬头垢面怎么得了。得在他睁开眼睛的时候，看到一个清新出浴的美女，还有放在精致手盘里的早餐。

第一章　幸福婚姻是一种心态

要做到这些并不是一件容易的事情,最起码不是一个有着自己工作的人可以做到的。因为很难有哪一个职业女性可以做到24小时抖擞精神,且不说还都有心情不好的时候、生病时候,除非是一个家庭主妇。

做妻子的应该适当地给丈夫一些意外的惊喜,这样你们的婚姻才会更加美满。你知道他每天的路径是什么吗?什么地方是他可能经过或出现的地方呢?公司唯一的电梯口?他习惯泊车的哪个停车场?在哪个公交车站等车?对于这些地方,你是否有足够的了解呢?如果你有把握,他大概几点钟会在哪个地方出现,你便可以偶尔给他这种惊喜——好好地策划一番,和他不期而遇,把自己当作礼物,"送"到他面前。如果在平淡无奇的生活中,无论是丈夫还是妻子,偶尔制造这么一两次小小的浪漫或者惊喜,那么夫妻之间的感情肯定会越来越好。

制造惊喜的方式有很多,你甚至可以玩这样的游戏:快下班时在他公司附近的街角打电话给他,但不要告诉他你在那里,最好让他误以为你在家里。等他走出公司,赫然发现你在他面前,那种惊喜是很戏剧性的。不过,这种游戏大概只能够玩一次,太频繁他就没有那么好"骗"了,也没那么惊喜了。而且,这种惊喜不一定要安排在他生日那天,可以只是两个人

想出去吃顿饭、独处一下的时候,甚至也可以是哪里都不想去,只要一起结伴回家的时候。

你们还可以在飞机场、火车站安排同样的惊喜给彼此。比如,去机场接机,原本你没有说要去接他,他却在下飞机的时候看到了突然出现的你,那一定是一个非常令人感动的画面。

对于女人来说,在生活上应像那位日本妻子一样照顾好你的丈夫。中国人的观念向来是"民以食为天"。不是说"要想抓住男人的心,先要抓住他的胃"吗?这句话对很多厨艺不佳的人来说,听起来实在很令人沮丧。其实,手艺不出众的你一样可以让你的男人很快乐。

也许你听他讲过,"妈妈的味道"如何令他怀念不已;或者你自己也在他家吃过一道他最喜欢的菜;甚至那道让他迷恋的大菜是在某家餐馆里吃到的。首先,你要做的是虚心地向他的母亲(或厨师)请教食谱;其次,你不妨请假半天,把材料买齐,用做实验一样的心情,慢慢地做做看。也许你第一次做得不太成功,不过没关系,还有下一次。其实好坏都是无所谓的,重要的是你的心意,你的爱人看到你这样细心地要安慰他对某道菜的"乡愁",也会感动得一塌糊涂!

婚姻的第二个要素就是把对方当知己,你能在对方面前牙

第一章 幸福婚姻是一种心态

不刷,脸不洗,你能把脚翘在桌上,你能放声大哭,你能大放厥词,说希望那个老给你小鞋穿的上司辞职,你取而代之……

总之,无论是你最真实的、美好的和丑陋的,还是善良的、恶毒的一面,你都敢在对方面前不加掩饰地表现出来,那我就要恭喜你了,你已经找到了能跟你一辈子心手相牵的人。

门当户对，郎才女貌

夫妻关系是一种特殊的人际关系，属于人性、亲昵性、长久性、发展性和契约性的关系，是人生中最亲密而又特殊直接的人际关系。这种人际关系，广泛地表现在日常生活当中。

在婚姻的词典里，我们经常会看到"门当户对""郎才女貌"等字眼，这些往往成了一个人选择自己另一半的潜规则，这种潜规则就是要求男女双方的条件能对等。可以说，在中国的婚姻史上，人们最讲究的是"门当户对"，"门不当，户不对"的婚姻往往都是不幸的。"门当户对"是要求两个人家庭条件、地位的对等，"郎才女貌"说的是男女本身条件要般配。比如，历史上非常著名的梁山伯与祝英台的故事就是典型的代表。

梁山伯与祝英台悲剧的发生，最根本的原因是他们的父辈在骨子里有"门当户对"的思想在作祟，因为梁祝两家在封建

社会是两个不同的阶级，不论梁山伯与祝英台是多么相爱，但他们的两个家庭无法融合在一起，再加上那是一个父母决定婚姻的年代，所以这段本来可以美满的姻缘注定要走向失败。

而说到"郎才女貌"，这可谓是美好爱情最表面的一个反映。在婚姻的历史上，有很多因为男女才貌上的差距而导致婚姻的不幸，最后造成家破人亡的悲惨下场。漂亮的潘金莲嫁给了又矮又丑的武大郎，这种无趣的婚姻使得潘金莲红杏出墙。随后一幕幕惨剧也便由此拉开帷幕。

在封建社会，这种男女本身条件的差距，受害的往往是女人，因为她们很少有自己选择幸福的权利。而男人就不同了，他们即使娶了一个自己不中意的女人也无妨，因为还有三妻四妾和春楼酒肆的女人可以作为这方面的补充。

当古代漂亮的女人遇到不幸的婚姻时，她们往往只有哀怨的份，根本无处申冤诉苦，而男人在随意潇洒的同时还能博得一夜风流。很显然，当男女两个人在容貌上有了一定差距的时候，很多人就很难在爱情及家庭上求得美满。

在现代婚姻中，"门户"与"才貌"也是人们比较看重的几个方面。二者相比较而言，门户差距大小更能决定婚姻的幸福与否。不论两个人是如何相爱，他们将来的小家庭都不能脱

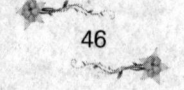

离两家人对他们的影响。而门户的差距，往往对婚姻的打击是灾难性的。因为两个在完全不同的环境下长大的人，必定有很多难以融合的性格和特点，这对婚姻来说是致命的。

一个农村的女孩，大学毕业以后找了一个家境富裕的男友，结婚的时候，那种豪华的场面让她的朋友羡慕之至。可是不到一年，她与丈夫就离了婚。原来，丈夫及丈夫的家人瞧不起女孩的家人，她的父母来看她的时候，丈夫的家人对其很冷淡，自己的丈夫也怀疑妻子把家里的钱偷偷地给了岳父母——这让她总是在屈辱和被怀疑中生活，她觉得非常痛苦，心理上因无法承受这种一波又一波的打击，最终她只好选择离婚。

所以，我们一直强调说，"门不当，户不对"往往是阻碍青年美好恋爱的一道坎。大家在选择婚姻的时候，一定要慎重考虑这两个对婚姻起着决定性作用的因素。情窦初开的男女，在选择对象的时候，一定要适当注意两家人门户的差距。是小家碧玉就不要想着豪门公子，是穷小子就不要想着娶大家闺秀，意在攀龙附凤的爱情往往是苦涩的。当然，"灰姑娘"有时也会有自己的幸福爱情，"驸马爷"有时也会有自己的美满婚姻，像这样在攀龙附凤中能得到真正幸福爱情的也会有，但在获得这份幸福背后的苦心经营，不是每个人都能做到的。

应该说，在现代社会，门户的差距，往往是男女双方无法避开的一个客观事实。但是，男女之间的差距有很多方面是可以规避的。我们不要因为很多本可以减小的差距，而放弃了对意中人的追求——放弃自己的所爱，这对爱情来说真是一种摧残。因此，发现与对方有差距以后，把能够缩减的差距尽量缩减，这也是对美好爱情积极追求的表现。

事实上，门当户对的观念也许早已被现代人所不齿，但是它仍然从侧面说明了一条最简单的真理：婚姻能否美满主要在于双方是否能和谐地成为一个整体。

其实，对于婚姻，不仅"门户"和"才貌"是需要考虑的因素，在今天这个社会上，在对方的兴趣爱好上也要好好地与自己做一番比对。这样，可以发现差距，规避差距。

两个人相爱，最直接的差距是两个人的兴趣爱好不同，当然，在现代社会，两个人学历、收入的不同也是刚开始恋爱的男女要考虑的问题。但是，这些差距往往都是可以规避的。因为两个人兴趣爱好不同时，最爱对方的一方可以培养自己的兴趣爱好，以此来顺从对方，这样，兴趣爱好的差距也就可以避免了。

关于学历和收入，这也是可以人为控制的，只要自己多一些勤奋和努力，在这方面也可以达到"般配"的程度。

当恋爱深入到一定阶段时，往往会超越男欢女爱而演变成一种升华的人性的爱。每段恋情都开始于异性之间的相互吸引，但是当有一天你对他产生"即使他是女孩子也愿意和他朝夕相处"的感觉时，也许才是婚姻所要求的。如果你与他在一起时无法感受到自身的成长，那么还是趁早离开他吧。

其实，我们每个人降临到这个世界时都不是完美的，总有许多遗憾、欠缺之处，而最奇妙的就是在同一个地球的某一个角落，有一个人是被造物主委派来弥补你的缺陷的人。婚姻的优点就是能通过双方的互相补充来让个体更加完美，它是一种无声的传递和接收。

经常成为结婚动力的是希望老有所养。但是，你的他有可能爱上其他人，也很有可能先你而去，而这时你才悲哀地发现，自己从来没有真正地爱过他。所以，如果你只是为了找一张"长期的饭票"，或者只是为了排遣寂寞，那么你不要结婚。因为你从他身上看到了你所缺少的东西，而这些不同则是婚姻的巨大隐患。

因此，我想告诉大家，尤其是女性朋友：

即使你因为孤单寂寞而变得体无完肤，也千万不要因为冲动而走进婚姻，这是一种极度不负责任的表现，更是对自己的一种残忍。

有爱才有婚姻

婚姻是爱情的结果,进入婚姻,组成了家庭,而家庭的责任多半是为了繁衍后代。然而作为一个女人,如果无法生育,多半逃脱不了被抛弃的命运,即便不会被抛弃,也会在被冷落和自责中度过,难以获得幸福。

其实,这种现象,从古至今一直都有。

古时认为"女子无才便是德"。因为那时人们认为女人的天职就是相夫教子,结婚就是为了生育,因此,女人无须也不能拥有自己独立的人格和思想。

直到近代以来,我们才承认婚姻不仅仅是为了生育,也是为了性爱,以至现代有了性爱至上的思想,不少新潮男女可以不谈婚姻,但不能没有性爱。在这种观念之下,如果只是生育了孩子就以为婚姻稳固了,不必用心经营了,那只会让自己的婚姻搁浅,离幸福越来越远。也正是因为有了这样的观念,很多思想前卫的夫妻放弃生育孩子,只尽情地享受两人世界。

婚姻中人们组成了一个家,世上再也没有比一家人更亲的了,但婚姻中的每个人又都是独立的个体,有自己的空间、有自己的思想文化,有时在价值观上也有较大的分歧。婚姻的弹性就是要允许双方存在差异,给对方一定的自由空间,尊重对方的价值差异,不强求一致。

当然,对于任何女人来说,也不是说有了足够的性爱就有了完美的婚姻,婚姻的稳固只靠双方的性爱还是不够的,毕竟婚姻面对的不只有感情,还有物质生活、家务料理、子女抚养,及与其他家庭成员的关系问题等。婚姻有活力还得有一定的弹性,就像为了防震,我们给汽车加弹簧和人造海绵。为了防止婚姻关系的松动,我们也得给婚姻加上一些弹簧,使婚姻在一个合理的范围内跳动自如。

为此,有人提出"夫妇互不干涉私生活。",这种提法虽然有鼎足之势过之不及,但只要双方的私生活不危及婚姻的稳定,不破坏双方的感情,不伤害自己的家庭,当然是可以保留各自的隐私的。只要我们对"夫妇互不干涉私生活"进行正确的理解,对我们处理的婚姻关系的纷繁是有好处的。

这里的私生活只要不涉及原则问题,是可以做到不干涉

的。私生活简单一点说，就是私人空间，并非指个人的感情生活，可以有个人的兴趣爱好，有个人的思想价值。如果我们正确地理解并做到互不干涉对方的私生活，这样的婚姻也便保证了适度的弹性，反而更有利于婚姻的稳定。压力太大，要求过苛，会破坏婚姻的弹性，让婚姻处于压抑状态，最终爆发婚姻危机；压力太小，过度纵容，则会让婚姻面临分崩离析的境地。

在现代社会，两情相悦的青年男女因抵御不住彼此的诱惑而婚前同居，这已经不是什么少见的事了。在以前，未婚就住在一起，那会被世人视为放荡，更被家庭视为侮辱了门楣。现在不同了，一是时代进步了，人们的观念发生了很大的变化；二是很多年轻人走向了城市，两人在一起，不仅有安全感，还会省下一笔生活费用。因此，婚前同居已经成了情侣之间很正常的事，他们无所忌惮地过着"亚夫妻"的生活。

婚前同居，安全感、省生活费用那可能只是很多人的一个幌子，更多的是他们抵御不住男欢女爱的诱惑，对男女之间的性爱有着几分随意。其实，不管两个人的感情如何，婚前同居都会影响到婚后的生活，这种影响甚至是致命的。如果想避免这种影响，除非你们选择不结婚。

首先，影响婚后夫妻间的正常性爱。

婚姻学专家研究发现，很多人婚后性生活不和谐的原因来自婚前同居。很多人在没有结婚前，尝禁果的滋味会觉得很美妙。可是，结婚之后却突然发现，即使在蜜月期也不再有那么完美的性生活了，婚姻因此也过早地失去了激情。

从心理学的角度看，婚前同居，性生活给两个人带来的快感也只是在婚前，他们会期待婚后在性生活上有更高的水平。但结婚以后他们会发现，原来婚后的性生活还不如婚前，婚前性生活的频繁，往往会使两个人性反应迟钝，两个人就会没有婚前那样的性爱感受了。这样，就会对婚姻有几分失望。

比如，长期同居的情侣性生活会非常频繁，但是结婚以后由于熟悉程度、生理变化、生活压力等诸多问题，原来的一天几次可能会变成了几天一次。此时，多数情侣不会客观地去考虑这个事情，而是把矛盾直指感情。"你原来很爱我，现在不爱我了"是最常见的指责方式，不断的责怪也让婚姻生活变得很冷淡。

另外，对于最终不能结婚的情侣，婚前同居对他们新的婚姻来说影响更大。由于双方先前的性经历，很多同居过的男士会对现任妻子的忠诚度不信任。而女士也会觉得自己丈夫的性能力明显不如同居时的男性，这些都将直接威胁到婚姻的稳定

性和长久性。

其次，影响孩子的健康。

很多同居的未婚男女，往往会因为意外而造成怀孕，继而打掉孩子，这种行为不仅会给女人造成极大的痛苦，如果稍有闪失，甚至会影响到生育。因为堕胎过多造成不孕或影响孩子健康的事例不在少数。

一般婚前怀孕属意外怀孕的比较多，这样就会延误就医，不做产前检查，怀孕期间也缺乏适当的休息和照顾，加上心理上的压力，出现各种问题的可能性较大，如母亲贫血、婴儿早产等。若未婚妈妈顺利产下婴儿，照顾及抚养也是一个问题，担当母亲角色会成为一个沉重的负担，在这种情况下，很难保证孩子的健康。

有一种比较时髦的说法，叫作"奉子成婚"，而且这种现象也很常见。女人肚子里装着孩子结婚似乎已经快成为一种时尚了。这对孩子来说也是不利的。

要想养一个聪明健康的孩子，夫妻两个人就该有一个稳定的状态，并且还要有一个正常的性爱环境，不然，孩子的心智是很容易出现偏差的。而且，美满的婚姻都有成熟稳定的感情基础和婚前充足的准备，如果未婚先孕而被迫结婚，这样会产生更多家庭问题和矛盾，等孩子出生之后，他所能看到和感受到的都是生活中比较糟糕的一面，这对孩子的健康成长是极为不利的。

　　总之，性生活固然诱人，但是带来的后果却非常严重。在性欲驱使下，不计后果的性爱绝不是崇高的爱情。如果您对未来充满向往，那么请克制自己的冲动，因为性爱不仅仅只是两个人的快乐，更重要的是它会影响到将来的孩子以及婚姻的幸福。

婚姻幸福让你激情飞扬

婚姻是一把伞,有了它,你就有了遮风挡雨的依靠,在风雨烈日时自然舒适无比,但在平平淡淡的天气里,你又会觉得这把伞是多余的,是累赘。

结婚,就像是电视剧《奋斗》中陆涛和夏琳结婚后那样:两个人早上起床后,在浴室里并排站着刷牙,一面匆忙而用力地刷着,一面不断调整着姿势以免碰到对方,然后相视一笑,幸福无比。这应该是一种很多人都会特别羡慕的婚姻状态,尤其是年轻人。

谈到婚姻状态,有人把婚姻分为四类——"可恶、可忍、可过、可意"。在这四类婚姻中,"可恶"的婚姻是最悲惨的;"可意"的婚姻是一种美满的婚姻,对多数人来说只是一种理想。对大多数平常人来说,婚姻都维持在"可忍"或者"可过"。因此,许多人常常抱怨自己的婚姻不够完美,有的

甚至对婚姻失去了耐心。

我们经常听到这样一些说法：一个人结婚之后，他的快乐就会变成两个人的快乐，而烦恼也能丢一半给对方分担。这只是一种美好的愿望，当然，这种美好确实也可以存在于我们的生活之中。

你的另一半面临被裁员的危险，你会因此寝食难安；一向与你针锋相对的小姑因为失恋而情绪低落，你也必须很不情愿地去尽做嫂子的责任。这就是婚姻，你必须接纳的不仅是你心爱的丈夫。如果公公生病时你不能毫无怨言地在床前侍候，小姑的男友为找工作向你求救时你不能两肋插刀，你就无法维持美满的婚姻。一个人时的苦恼乘以十倍，才是你婚后必须面对的现实。

心理专家说过："在一个家庭中，每个成员都想成为家庭中的主角，也就是我们所说的大小事件的决策者。在发生了对家庭有影响的事件时，应该怎样处理，通常是由家庭成员集体讨论后做出相应决策的，但也总得有一个把握方向的人，也就是我们所说的家庭中的当家人。"

当然，有了当家的人，其他成员就自然被塑造成为被领导者，这时，这些所谓的家庭"配角"就要注意调整好自己的心态，或是顺从或是反抗。适当的顺从会维护家庭的和睦，而由

于心理不平衡进行反抗，自然就会造成家庭矛盾。夫妻之间吵吵闹闹，儿女对家长的反抗、不尊重，都是因为一个家庭不能及时调整好角色结构而造成的。

比如，父亲的形象过于严厉，就会导致母亲没有其应有的立场，使孩子在父亲面前出现过分畏惧的现象。这时父亲应注意调整自己，对待家人尽量温和一些，使妻子和儿女也有其应有的立场和态度，从而创造一种更为和谐的家庭氛围。而如果父母过分溺爱孩子，又会导致孩子无法无天，不听话，或过分娇气，依赖父母。要改变这种角色偏向的现象，让孩子恢复一种正常的角色，就要求父母纠正骄纵、溺爱孩子的行为。

婚姻是一门学问，经营一桩婚姻，不比经营一家公司容易。择偶、结婚、生儿育女，缔造幸福家庭，享受美满人生，其过程如同一个雕刻家雕刻一个艺术品，是一个创造的过程。在这个过程中，如果一个人愿意创造一桩幸福美好的婚姻，那么，他就必须从选择配偶的环节开始步步用心。

但是我们还必须清楚一点，那就是结婚仅仅是创造的开端，然后还要进行漫长的、精心的加工、修改、装饰、完美，因为幸福的标准在不断提高，一个人对幸福的心理渴望永无止境，所以我们需要活到老，学到老。

其实，我们在生活中发现的许多婚后问题，大多数在婚前就已经萌芽了。所以，结婚之前，就要把发现的问题开诚布公地摊开，然后寻求解决的办法。这样就不必等到结婚之后，才开始面对问题，然后麻烦不断。

好的开始，就是成功的一半。美满的婚姻，是从恋爱的时候就开始的。

心灵相通的美满爱情，所有的情侣都可以获利，但是没有任何一对情侣的默契和深切的爱情是与生俱来的，夫妻双方需要在两人之间搭建某种桥梁，达成某种共识，遵循共同的原则。

"结婚能让自己获得新生"，现在有很多人都对自己现在凌乱不堪的婚姻生活环境感到深恶痛绝，恨不得立刻飞出这个"蜗居"，找到一个温暖的港湾，也许你每天都在想象着搬家以后在房间里摆上心仪已久的家具，从此过着整洁有规律的生活。但是你必须看到，即使搬了家，如果不及时整理的话，还是会和以前一样乱。所以，要想让婚姻给你带来幸福，就要懂得如何维护和守护幸福，如果现在无法在舒心的环境中生活，那么搬家以后还会面临同样的问题。你只有经营好现在的生活，才能更好地去经营未来的婚姻，否则幸福永远都只是一个传说，你的美好愿望，也只能是一个神话。

第二章

品味幸福婚姻

昭和辛亥秋印刷

婚姻需要一分沟通与理解

在中国，大男子主义是一种非常典型的男性类型，这些男人总是以自己是"男人"引以为豪，在各个方面视能"独霸天下"为最高标准，但在现实中，很多男人都不能清醒地认识到自己其实也很平庸，有时候甚至还不如女人。就连生活中最普通的男人，也总试图保持着自己在女人面前的优势，就是什么优势也没有的男人，他至少还要在脾气上压倒女人。

在婚姻中，一旦男人有大男子主义思想，他往往不知道去尊重自己的女人。家有大男子主义的丈夫，女人的日子就会不好过，因为男人的大男子主义思想，常常会使得女人变成了男人的附属，这样，不仅女人没有应有的家庭地位，男人的霸道、粗鲁、独断专行等也会在女人面前显露无余，他更不会去怜香惜玉。所以，一个有大男子主义的男人，往往不会是一个好丈夫。虽然这并不绝对，但是绝对适用于绝大多数男人。

有人说，男人赢得一个女人的心往往靠雄性的征服，而女人赢得一个男人的心用的是温柔。

在一个家庭中，从性别角度来说，男人的性格总会硬朗一些，而女人总是温柔的。一个大男子主义的丈夫，如遇见脾气火爆的妻子，那么在他们家里就会"战火"不断，不得安宁。这时人们会说，男人本性如此，女人好似泼妇，其实问题的缘由到底是什么，外人并没有搞清，但就是因为受传统的偏见影响，人们把不好的一面留给了女人，使女人成了最大的受害者。

因此，一个智慧的女人，在面对一个有大男子主义思想的丈夫时，她往往会拿出自己温柔的本色，在把自己的男人调教成好丈夫时，往往会起到"四两拨千斤"的效果。

人们常说"十个男人九个花，还剩一个不花的是傻瓜"。说起男人的花心，可以追溯到遥远的古代，从帝王的"后宫佳丽三千""妻妾成群"，我们就可以看出，古代男人是何其花心。而今，随着时代的发展，科技的进步，人们生活水平的提高，虽然很多国家都从法律上制止了男人明目张胆的花心，但是这并没有使男人彻底死心，现在男人花心也是一件稀松平常的事情。

其实，那些花心的人表面上很风光，不论走到哪里，都有女人相伴左右，跟每一个女人几乎都说过同样的甜言蜜语，做过同样的事，但是表现出好像只对她说过一样。无论怎样对一个人许下诺言，都不会从心底去实现……然而，在内心深处，他们比谁都孤独，因为他们没有属于自己的真感情。

科学家经过研究发现，人群中有一种特殊的人，即对多巴胺、后叶催产素等爱情激素"上瘾"的人。这样的人，一旦体内的后叶催产素等激素水平消退，就会通过另寻新欢再次获得刺激源，从而享受激素高分泌带来的极度愉悦兴奋，这就是我们通常所说的花心、喜新厌旧的人。

此外，专家还表示，根据DNA显示的结果可以看出，男性天生比女性对异性更有生理欲望和冲动。但是，人类已由猿进化成人，如果动物本性还任由释放，难以自控，那实属不妥之举，确实需要找专业医生进行治疗。

男人的花心，除了天性使然，还有一些心理因素，具体如下：

1.自卑

这样的男人往往缺乏自信心和自尊感，缺乏内心力量，总是希望得到更多的赞扬、尊重、认同和肯定。多一个女人崇拜

自己就多一分自信。

2.空虚

由于内心空虚，需要不断的外在事物来填充，但总也填不满，于是通过频繁换伴侣或情人来缓解内心的空虚感。

3.追求完美

这样的男人往往什么都想要得到，不肯放下，不停地追逐所谓"更好的"。"脚踏几只船"，同时和几个女性保持亲密关系的现象也就不足为奇了。但在现实生活中，很多女人以为好男人是天生的。当她一旦发现了对方的缺点，就会无情地换掉他，所以，别总以为后面还有更好的"石头"可以捡，结果捡到最后只剩一种垃圾。

4.缺乏安全感

并不知道自己到底想要什么，没有安全感，对未来充满担忧。这样的男性可能会与自己并没有太强烈感情的女性谈恋爱或结婚，因为他只是想缓解内心的不安全感。

由此可见，相爱的男女双方不仅要成为生活中的伴侣，而且要成为事业上的同志，也就是说，彼此要有相同的人生观、价值观。这样，爱情才能经得起生活困难的考验，经得起风浪的冲击。

当然，我这里所说的相同的人生观、价值观，并非说二人必须在任何事情上都是一致的，相爱的男女双方的人生观存在一定分歧是完全可能的，但只要没有根本的冲突，通过努力，是能够达到一致的。

男女双方在恋爱阶段应广泛地交流思想，互相沟通。对双方共同的地方，要巩固下来，对存在分歧的地方，要一起进行研究和探讨，共同寻求解决的方法。在解决分歧的过程中，男女双方不要无原则地进行让步，要把思想认识统一到正确的方面。通过交流和互助，共同树立起积极进步的人生观。而且，双方还要有意识地在接触中加深了解，把握对方的性格特征，最终，在不断的交往和磨合中达到协调一致。

婚姻需要一个温暖的家

男人以世界为家,女人以家为家。

都说好男儿志在四方,似乎男人生下来就是干大事的,就要出去闯荡,这似乎是一种责任、一种使命,所以,人们也自然给男人冠上了一个很大气的口号——男人以世界为家。而由于社会的原因、文化的原因,或者说是女性本身生理的原因,使得大多数女性还是以家为中心,而人们也理所当然地认为,女人就应该以家为家。

生活中,男人多数以世界为家。他们中许多人没家的时候想成家,成了家后又嫌麻烦,不想受约束,想自由。男人更注重的是事业的成功,为此他们必须更多地在社会中活动。为了取得事业的成功,他们必须绞尽脑汁与各种各样的人和事打交道,采取各种方法获取利益。社会对男人的期望值往往高于女人,为了得到社会的认可,男人们会不遗余力地赚钱和争权夺

第二章 品味幸福婚姻

利,而一些女人并不理解男人的付出,反而讥讽男人是唯利是图的挣钱机器和奴颜媚骨的政客。他们渴望色彩斑斓、日新月异,他们的心在人丛中横冲直撞,处处为陌生的景色欣喜,而这种感觉是那位早已一成不变的妻子所不能理解的。

而女人则有所不同。虽然她们中的大多数从事了社会工作,但是依旧没有放下相夫教子的责任,上班的时候,也要时时想着上学的孩子,想着回家后吃什么饭的问题。我们经常可以看到上班时溜出去买菜的女人,为孩子、丈夫和自己买衣服的女人。她们在不得不加班而不能回家做饭带孩子时,就会心神不安,隔一会儿就往家中打个电话,询问孩子是否吃上了饭,是否做完了作业。她们的心几乎无时不在家里。

即使是一些成功的女性,在谈到自己的成功时总也忘不了提到内疚:自己照顾孩子少了,陪伴丈夫少了,没有尽到做母亲和妻子的责任。正因为女人以家为家,所以她们擅长使事物变"精",蛋糕越品越有味,衣服越做越精致,孩子越养越出息,丈夫则越处感情越深……

虽然丈夫整天在外打拼,身上多了不少光环,但是,在妻子眼中,无论这个男人有多少成就、多高的社会地位,他就是一个丈夫,并没有多么了不起,正因如此,妻子往往对丈夫责

备多赞美少。在生活中，有很多这样的情景：丈夫在妻子面前的吹牛和自信，往往让妻子一句话就顶了回去。

相比之下，丈夫的价值在社会上更能得到充分的展示。男人在朋友面前、在老相识面前、在情人面前更能够兴致勃勃地大谈特谈，而回到家后这种欲望只能被压抑，因此大多数男人不想回家，这给了他们有钱就变坏找到了一个有力的证明。如果这样的情况就发生在你的身上，此时此刻，你就要引起注意了。从现在起，你就要学着把家变成男人爱待的地方。

在婚姻中，家是夫妻活动的主要场所，更是他们体验婚姻幸福的主要地方。有时候，家的环境会直接影响夫妻之间的感情。

对于丈夫而言，家是自己避风的港湾，当自己在外面打拼累了的时候，家不仅仅是自己消除疲劳的地方，孩子的孝顺，妻子的温柔，家更是男人心灵的归宿；对于妻子而言，把家装扮得更温馨是自己的一个职责，有时，这更是评价一个妻子的标准之一。

可以说，家往往包含了一个妻子的全部，因为家里有自己的丈夫和孩子，在通常情况下，除了丈夫和孩子，女人就没有什么显得更加重要的东西了。

其实，丈夫是否在意自己的妻子，能否一直深爱自己的

妻子，很大程度上取决于妻子如何去打理自己的家；一个丈夫在家里能不能感到幸福，往往也会影响到他对妻子的感情。因此，把家变成丈夫的温柔乡，也巩固了自己与丈夫之间的感情。

那么，妻子如何才能把家变成丈夫最温暖的港湾呢？

1. 要保持家的干净整洁

男人在外忙碌一天，回到家，在一个整洁的环境中，压力、疲劳可以得到释放和排解，人也会觉得舒服很多。但若是一个凌乱不堪的家庭环境，往往会增加人的烦躁感，男人就不喜欢待在这样的家里。这样的家不但让人待着不舒服，还反映了女主人糟糕的品位。

虽然说现代家庭是"整理家务，人人有责"，但性别的特点及中国人的习惯决定了女人应该是家务的主导者，女人安排男人做一些家务，男人不做只是男人的懒惰；而女人没有整理好家务，从一个侧面可以反映出妻子的内在品质。

无论男人自己是否讲究干净，但是他们总喜欢把家里整理得干干净净的女人。在男人的眼里，女人能把家整理得有秩序，保持家的清洁，这样的女人往往就是一个天使，当然，会营造一些小情调更好了。女人要是整理不好家，在男人的眼里她就是一

个懒人，弄不好还会是粗俗的。因此，把家整理得有秩序，保持家的清洁。不但能让女人提高自己在男人心中的地位，还能让人感到家的舒服，自己在其中生活，也会备感温馨。

2.妻子要保持家里愉快安详的气氛

家里气氛的营造，女主人往往要承担主要责任。丈夫在事业上的表现，将会受到妻子所创造的家庭环境影响。任何一个女人，都不想她丈夫的身心在家也被工作所占据，同时，她们又希望丈夫在工作上有最好的表现。如果女人能为男人创造一个愉快安详的家庭气氛，那么男人的工作就会更轻松，压力就更小。因为家庭应该是男人事业上的避难所，男人可能整天和对手竞争，当下班的以后，他就会渴望着安详、和谐、舒适、爱情……家里保持愉快安详的气氛，能除去男人工作上的不安。这样，男人才能在家及时恢复自己的体力，使他每天早晨都会对工作充满热情。

因此，家里保持愉快安详的气氛，这也是在生活中妻子所尽的一种责任。

3.妻子待在家里，让丈夫觉得很轻松、舒适

不管一个男人是多么喜爱他的工作，在他工作的时间里，总会有某种程度的紧张和劳累。如果在他回到家里的时候，这

种紧张和劳累能消除，在心理上、身体上和情感上就会得到放松和愉悦，这样，在第二天他就会有热情去工作了。男人待在这样的家里，在身体上是一种休养，在心理上更有一种被老婆爱着的感觉，那么他对妻子的感情就会加深。

由于家务的打理主要由妻子来做，因此家庭主妇们要记住，轻松、舒适是男人们对家最大的需求。不可否认，大多数已婚女人都想做个好的家庭主妇，但有时候男人就是得不到休息和放松。

有一位太太，为了让家保持干净整洁，她不让孩子把朋友带回家，因为小孩可能会弄脏干净的地板；她不允许丈夫在家里抽烟，因为窗帘会沾上烟味；如果她的丈夫看完一本书或报纸，她会要求丈夫必须准确地放回原处……孩子和丈夫在家里，稍微一动就会触犯家中的规则，这样的家庭，不要说工作压力大的老公不愿待在家里，就是家里的孩子也喜欢在外面玩。在美国，家庭主妇因家里的洁净而对家人行为的规范，心理学家把它称为"家里最严重的精神压迫"。因此，女人在承担家务职责的时候，不要忘记男人对家舒适的要求。

家，是夫妻二人私密的空间，是一个小窝，一个藏身之所，它更是男人心灵的归宿和生活的港湾。男人对家的概念，正如歌里唱的一样："我想有个家，一个不需要多大的地方（一个不需要多么华丽的地方），在我害怕的时候（在我受伤的时候），我会想到它……"

　　家，因为有了男人，而更加个性，因为有了女人，而更加舒适。当一个爱家的女人遇到一个具有设计的头脑，又有生活经验的男人，那么，这个家将沉淀出许许多多的生活意趣，婚姻生活也必将无比鲜活。

第二章　品味幸福婚姻

婚姻需要贤惠的妻子

　　婚姻，需要女人的贤惠，需要女人的无私付出，但女人，也请善待自己、关爱自己。绝大多数走进围城的男女，当初都是因为彼此相爱。然而，许多人却忽视了这一点：婚姻中的我们，也需要与时俱进。女人不要等到覆水难收时才骂男人没良心、不可靠。女人要明白，靠山，山倒；靠人，人倒；靠自己，最好。这是亘古不变的真理，也唯有如此，才能长久拥有我们想要的幸福！

　　我们可以想一想，时过境迁，假如丈夫事业有成，作为妻子的我们也能够在历经岁月的磨难后仍然外表美丽、学识倍增，谈吐得体，丈夫自然会对我们恩爱如初甚至宠爱有加；反之，如果丈夫已经成功了，你却不但没有进步，反而蓬头垢面、谈吐低俗，就算你再吃苦耐劳、无私奉献，昔日的亲密爱人也可能连看都不会多看你一眼，更别指望他内心还对你怀有

深切的爱意，不叫你"让位"就不错了。因为此时的他需要的是一位美丽优雅、雍容华贵、有学有识，甚至能在事业上助他一臂之力的女人。

如果女人已经明白了这一点，那么就算你再爱那个男人，你也不要为他牺牲一切。婚姻需要女人贤惠，但是贤惠也要有贤惠的度。丧失自我，没有自我意识的贤惠，那是不可以的，那不是贤惠，那是被奴役。因此，女性要不断学习，提高自己的知识水平与修养，同时还要懂得打扮自己，有美的意识与追求。最重要的一点，女人要有自己的工作，经济要独立，要为自己留出社会空间与时间。

贤是天性，是品德。惠，古通"慧"，是才智。在婚姻问题上，你只有将两者紧密结合，才能跟男人在思想上达到朋友或对手的平等，也才算是真正拥有了驾驭婚姻的本领。

如果你做一个贤惠的妻子，我不反对。但是如果你做一个傻女人，我一百个不赞成。

有一个女人，是某大学图书管理员。她很爱她的男友，当时他还是一个一贫如洗的大学生。她全力供他读书，读完本科读硕士，读完硕士读博士，其间，他的身份由男友到丈夫，再到孩子的爹，完成了所有的角色转换；她也由一个中专生奋斗成一个有着大专学历的计算机技术员，由一个乖乖女变成一个家庭当之无愧的顶梁柱。

终于熬到他毕业，夫妻可以团聚，她可以喘口气享受一下有男人庇护是什么滋味的时候了，他提出想出国，理由是他太想看看外面的世界是什么样子。她再次支持了他。

无疑，她把自己的一切都给了他，而他则把他的心给了他的梦。他说在德国的日子很难过，让她不要给他写信，她就那么一往情深地等着他的音信。六年后，她的同事从德国出差回来，告诉她他在那边已经有两个孩子了……她的世界轰然倒塌。

她的丈夫说："我本来想给你保留一个名分的，可是你既然知道了，那就只有离婚了。"

这个狠心又无情的男人提出让他们的儿子去德国读书，她的儿子也觉得妈妈虽然是可怜的，错在爸爸，但是出国是一个难能可贵的机会，会影响到他的一生，他不想错过。只是他又不忍心留下妈妈一人，于是他希望妈妈能重新找一个男人，这样他才能放心地走。为了让孩子安心，她一次次凄楚地走进婚姻介绍所……

这是一个无比悲情的女人，她把自己的青春，自己最好的年华，自己辛苦挣来的钱，都献给了她深爱的男人，但是，那个男人却在功成名就后拥抱了别的女人。面对丈夫的无情无义，孩子的现实，不知道她以后的生活会什么样。她很可怜，但是也很可悲，因为路是她自己走的，人是她自己选择的，心甘情愿，也不是那个男人逼的。

　　而更令人感到伤感的是，这样的故事竟然层出不穷。

　　深圳有很多四十多岁的中年妇女喜欢结伴去酒楼吃饭、饮酒、唱歌、哭泣……她们的遭遇与上面的女主人公的遭遇不尽相同，有的是跟老公同甘共苦，辅助创业，可老公有钱之后却把她彻底抛弃；有的是为了让老公安心做事业，放弃自己的工作，抛弃辛苦奋斗来的学历，将所有青春的本钱都交给了家，做起了全职太太，最后却突然发现自己换来的并不是家人的尊重和理解，而是鄙夷和嫌弃……

　　尽管故事的主人公遭遇不同，但是她们的结局都是可悲的，都能引发我们的思考：为什么贤惠的女人容易滋养负心汉？

　　也许很多人觉得这样的女人很值得同情，那些男人都太狠心了。但是，这也不全是男人的错，其实更多的是她们自己太

傻了,在贤惠的天平上,她们将"贤"的砝码加得太多了,以至于忽略了"慧"。甚至压上了自己的全部,这是一个怎样的赌注?竟然敢用这个换幸福?

女人,请清醒一点,理性地看待自己的婚姻,做一个理性兼智慧的贤妻良母,这样,你才能拥有真正可以把握的幸福。

婚姻的学问

婚姻是一门学问,也许你懂得如何去爱,但你不一定了解怎样经营自己的婚姻。要想掌控婚姻的幸福,那么就有必要关注一下以下几门必修课。

1. 复习恋爱时的细节

复习心动的初衷,包括回忆相爱的细节,如自己和对方为了这段感情都做过些什么,曾遇到过哪些阻力。这会让我们重复记忆伴侣的优点,强化爱的甜蜜感和幸福感,加强对爱人和婚姻的肯定。

2. 放下过度的期待

很多人进入婚姻前都抱着厚望,特别是女性,期望伴侣尽可能实现自己的要求。但多数人都有种"你要我怎样,我偏不"的劣根性,越想改变对方,越不容易达成。不如放手,先从自身做起。伴侣受到潜移默化的影响,也会行动起来,这样

才是良性的互动。

3.学会赞美对方

每个人都有被肯定、被承认的需要。但传统中国人大多性格内敛、含蓄，夫妻间尤其不善于表达感情。其实，越多鼓励、赞美伴侣，对方就越有信心，在婚姻中也会表现更好。

爱人和朋友需要我们的支持，同样，我们自己也需要支持。如果你发现有的人容易受到语言上的鼓励，那么你就要对他多说一些激励的话。有的人习惯买些小礼物表达爱意，那你不妨也尝试着给他准备一些礼品。这些都是很容易就能做到的事情，也是生活中很常见的事情，只要你稍加留心，就可以将这一切做得更加妥帖，对方对你也会好感倍增，你们的生活也必将更加美满。

4.重复承诺

"重复承诺"是婚姻幸福的一个重要秘诀。比如，如果妻子闲暇时间比较多，那么每年可以为你们的结婚纪念日举办一个小型聚会，和丈夫重温结婚誓言，承诺要相亲相爱。重温承诺会让彼此感觉到，自己在婚姻中是有价值的。特别是在被生活的琐碎消磨了激情之后，承诺能提醒彼此婚姻的意义，证明对方还深爱自己。

5.控制好自己的情绪

婚姻是美好又孤独的,因为很多时候,婚前的美好幻想在婚后都破灭了。有的人虽然年龄不小,但心智还像个孩子,希望对方像父母一样宠爱、忍让自己,这势必会离期望的越来越远。要学会控制自己的情绪,这样才能和伴侣更好地相处。

6.不要奢望对方为你做太多改变

有一个女人,她丈夫在报社工作,负责画连环画。这行当需要一定的俚语知识,画画的时候经常会用到。于是她将家迁到了一所大学附近,她建议他应该读一些经典著作,开发思维,这会对他的学习有利。开始他是不愿意的,但后来兴趣却越来越浓,最终沉浸其中不能自拔了。这还影响到了日常生活,他整日只会聊柏拉图和亚里士多德,甚至吃穿住行都要和这些哲人一样。这个女人的生活就此变成了一场噩梦。从此以后,她不再试图去改变任何人。

需要改变的只有你自己。自己变了,环境就会变,周围的人也随之而变。

如果你奢望通过自己的行动让对方有所改变,通常不会有好结果。两个人相遇相爱,就像两个有交集的圆圈,真正吸引

第二章 品味幸福婚姻

彼此的是差异。经营一段婚姻，就是要接受对方的不同，最终重叠部分才会越来越多。

在幸福的婚姻中，"包容、肯定、鼓励"这些关键字眼儿都是必不可少的。正面积极的情绪和态度，能够促进感情的良性循环，帮助婚姻在幸福的阶梯上达到更高的层次。如果你已确实领会了以上几个要点的精髓，那么你必将在不断地实践中迎来幸福美满的婚姻生活！

婚姻幸福的秘籍

"80后"是极具个性的一代,因为他们新潮时尚,但是"80后"也是不幸的一代,因为他们要面对很大的生活和工作压力。如今,"房奴、车奴"几乎已经成了"80后"的专属词,但即便如此,"80后"也并没有放弃、退缩,他们依旧与自己的爱人携手,走进了婚姻的殿堂。因为他们有自己的幸福秘籍,可以打败生活中的一切挫折,让自己幸福起来。

具体来说,他们的幸福秘籍主要体现在以下几方面:

1.参加婚前培训班

如今,针对"准婚族""新婚族""恐婚族"而推出的婚姻培训班逐渐增多,学员也越来越多。婚前培训课大都开设有婚姻心理学、家庭危机案例分析与处理、家庭教育、家庭关系学、两性心理学、婚姻家庭理财等课程,涵盖婚姻生活的方方面面,有较强的实用性。

第二章　品味幸福婚姻

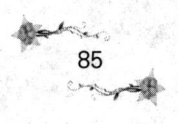

这对于"80后"小夫妻而言，未尝不是一个好办法，因为很多人在结婚前并没有真正学会如何与异性相处，才导致婚后生活中遇到很多困难。再持久的激情期也有过去的一天，夫妻俩总有一天要共同面对枯燥烦琐的柴米油盐等问题，如果缺乏准备，矛盾和争执就会随之而来。只有未雨绸缪，才能防患于未然。

2.夫妻家规

在曾经热播一时的电视剧《金婚》中，男女主人公在结婚时签订"婚姻条约"的一幕让人忍俊不禁——"只准文斗，不准武斗""吵架尽量不隔夜"……或许是受了《金婚》的启发，"婚姻条约"让许多"80后"小夫妻也制定了一些自己的家规。大致内容如下：

"不当着父母、亲戚、邻居的面吵架。""在家里吵架不准一走了之，实在要走不得走出小区，不许不带手机、不许关机或不接电话。""要出气不准砸东西，只能吃东西，实在手痒只能砸枕头。"……有了这份家规，可以在很大程度上改善夫妻关系，加强双方的规则意识，可以避免更大的争吵，以免影响夫妻之间的感情。

3. "性格婚检"

与传统婚检不同,"性格婚检"大多号称是测试人的心理的,一套测试题少则十多道,多则上百道。测试题目也是五花八门,比如,你会选择什么水果做爱情果?你最喜欢什么方便面?我在你心中像哪种口味的冰激凌,等等。情侣双方都做完后,可以根据答案评定两个人性格方面是否匹配,婚后能否和睦相处。

虽然这些问题看上去有很大的娱乐性质,但是小夫妻也可以做一做,至少可以为平淡的生活增添一点儿乐趣。

4. 写博客表歉意

如今,已经进入了微博时代,尤其是近几年,人们都一窝蜂地忙着开博写博,朋友间会要求互换博客地址做友情链接。因此,很多夫妻也都开始在博客上"晒"两个人的甜蜜,或者写下对家庭的憧憬、对生活的希冀。夫妻间闹点小别扭,两个人都不肯当面低头认错,就可以在博客上写下对对方的歉意,这样两个人心里的怒火也就消了,生活自然会越发的和谐美满。也许过了多少年之后,再回头看看过去的这些美好记忆,心里也会非常甜蜜,进而更加珍惜彼此。

5.掷骰子分配家务

"80后"小夫妻,大都是家中的"独苗",是父母眼中的"小皇帝""小公主",他们过惯了"衣来伸手、饭来张口"的生活,婚后免不了会为做饭、洗衣、拖地、洗碗等家务活儿争吵。现在,市面上销售的一种家务游戏骰子让他们少了纷争。扔扔骰子,就可决定由谁包揽家务。

家务骰子和普通骰子的形状大小一样,只是六个面不是点数,而是换成了琐碎的家务活,上面分别写着:"买菜""擦地""做饭""洗碗""洗衣""待着"。骰子只有一个面是"待着",换言之,无论怎么掷,都有六分之五干家务的概率。这种家务骰子就是为了让小夫妻们共同分担起家务,在嬉笑中既解决了问题又增加了生活情趣。当然,这只是一个方式。其实,"80后"夫妻要懂得理解,学会宽容,主动承担家务,这样才会让生活更加和谐美满。

6."试离婚"

新《婚姻法》实施后,离婚手续简化,夫妻俩只要带齐证件,一个小时之内就可以分道扬镳。但是,在实际生活中,"80后"夫妻因为磨合期不够,他们经济相对都较为独立,彼此个性都很强,一旦沟通不畅,双方就会发生激烈碰撞,很

多夫妻并没有真的决定要离婚,只是一时在气头上谁都不肯让着谁,一时提出离婚,两个人互不相让,结果就把婚离了,过后后悔、难过也已无法挽回婚姻。这种离婚当然属于冲动型离婚。因此我们说,婚姻手续的简化对于年轻冲动的"80后"小夫妻来说,是一把容易受伤的利刃。

所以,"80后"小夫妻们有了新选择,他们选择尝试"试离婚",也就是给婚姻一个缓冲期,在"试离婚"期间,让双方在远离婚姻生活各种内容的环境下,体验没有另一半的感觉,同时也使双方能够冷静地对婚姻进行反思,不至于出现做出了离婚的选择之后又后悔晚矣的结局。

避免夫妻间的争吵

原本两个完全陌生的人,因为相爱走到一起,年年月月在一起生活,难免会有磕磕绊绊。其实有时候,婚姻太过平淡如水,也未必就是幸福的。偶尔吵那么一次两次的小架,就像是平静的湖面起了一点涟漪,让湖水也变得更有生机了。夫妻吵架就像一个小插曲,能够给婚姻增添一抹色彩,一丝欢乐。当然,吵架也要有吵架的原则,要懂得吵架的智慧。只有这样,夫妻才会在吵架中也收获幸福和快乐。

那么,如何才能保证夫妻双方吵架不过火,不失去吵架的积极意义呢?我觉得可以制定一个《夫妻吵架合约》,俗话说,没有规矩不成方圆,夫妻双方给彼此的爱情定个合约,作为合约的当事人,为了共同的幸福一定要严格遵守。

合约内容大致如下:

(1)尊敬对方的父母长辈,吵架不开心时不能对父母无礼。

（2）有错一方要主动道歉，无错一方在有错方道歉并补偿后要尽快原谅对方。

（3）双方都有错时要互相检讨，认识到错误并道歉后由男方主动提出带女方出去散心。

（4）吵架不当着父母、亲戚、邻居的面吵架，在公共场所给对方留面子。

（5）要出气不准砸东西，只能吃东西，实在手痒只能砸枕头。

（6）吵架尽量不隔夜，晚上睡觉时男方必须主动抱女方，女方生气百般推却男方也不能就此放弃，一定要哄到女方睡着，做上美梦。

（7）每周都要给对方按摩一次，因为大家经常吵架都很辛苦，男方手艺不好的话可以跟盲人师傅学，严禁向发廊女学！

（8）在家里吵架不准一走了之，实在要走不得走出小区，不许不带手机或关机。

（9）吵架时男方不准挂电话，如果挂了要马上打回去，并表示歉意。吵架时女方如果挂了电话，男方必须在1分钟内打给女方，电话不通打手机，总之不能气馁，屡挂屡打。女方也要给男方面子，挂电话次数不得多于五次。

第二章 品味幸福婚姻

（10）不管谁对谁错，只要一吵架，男方必须先轻声轻气哄女方一次，促使女方能马上冷静下来，否则女方一看到男方哇啦哇啦女方也忍不住哇啦哇啦，一旦造成严重后果，全部由男方负责。

其实，夫妻之间能有多少深仇大恨，过日子，少些计较，多点微笑。彼此让一让，保持一种相敬如宾，生活该是多么美好！

当然，不同的夫妻可以根据各自不同的生活习惯或者性格协商制定具体内容，我希望所有人的婚姻，都可以在这样的条条框框中焕发出生机，让夫妻的婚姻生活更加幸福甜蜜，永葆新鲜。

遵守婚姻的十一大定律

1. 相同的人生价值观

物以类聚，人以群分，朋友间需要彼此的人生观、世界观和价值观基本一致，这样才能保证彼此默认对方的人生价值观，否则做不成朋友。其实夫妻和朋友一样，甚至比朋友更需要具有相同的人生价值观。如果夫妻追求的人生和生活目标不一致，对事物的看法存在严重的分歧，这样的婚姻肯定是短命的。

2. 有一定的物质基础

经济基础决定上层建筑。婚姻除了浪漫，更多的是柴米油盐酱醋茶的现实生活，如果没有一定的物质条件做基础，婚姻生活不可能进行下去，所以两个过于有艺术家梦想的人可能不适合做夫妻，因为他们极可能都沉于浪漫的艺术生活而不知道如何生活和赚钱养家。朝不保夕的婚姻就好比是秋天的黄叶，摇摇欲坠，早晚都会掉下来。

3.彼此是较好的朋友

作为夫妻，最基本应该是朋友，而且应该是好朋友或知己，除非你们只是纯粹生理意义上的传宗接代型的夫妻，否则连朋友关系都达不到怎么做夫妻，即使勉强做了夫妻也无法持久。

4.善于沟通交流

人与人之间当然难免会出现一些问题和矛盾，夫妻当然也一样，而且因为天天在一起，发生摩擦冲突的可能性更大。有矛盾不可怕，可怕的是彼此无法沟通而让矛盾发展激化到不可收拾的地步，所以做夫妻的一个重要且基本的条件就是遇事彼此能够沟通。

5.宽容大度

金无足赤，人无完人。夫妻之间由于是近距离的接触，更能发现错误和缺点，因此作为夫妻更应有一颗宽容大度的心，能正确和理性地看待对方身上的缺点和所犯的错误，既不吹毛求疵，也不无原则地纵容。宽容小的和无关紧的缺点和错误，帮助对方改正大的错误和缺点，夫妻要一起进步。

6.坚定地支持对方

与恋爱不同，婚姻得面对更多的现实生活压力和问题，婚

姻也更烦琐甚至乏味,因而遇到的困难和难题也多得多。无论是妻子还是丈夫,无论是生活中还是工作中,都会遇到不可预期的一些难题,难题不可怕,主要是能得到对方的支持。如果一遇到问题对方就退缩,或者离开,连起码的患难与共都做不到,这样的婚姻结束也罢。

7.接受对方的家庭

很多年轻的恋人往往认为婚姻是两个人的私事,可以不考虑其他,这当然是一种天真的浪漫主义。婚姻既是两个年轻人的事,也是双方父母和两个家庭的事,夫妻除了彼此相爱,还必须要能接纳对方的家庭,假如你根本无法忍受对方父母家庭的一些作为,而他们又无法做到毫不过问你们的事,那么你今后的婚姻生活将会后患无穷。

8.志趣相投

虽说人各有志,但是也有"道不同不相为谋"之说,所以,夫妻之间在兴趣、志趣、情趣方面,应该保持基本的一致。至少能有大致相同的看法观点,唯有如此才能步调一致而不会越走越远,甚至离心离德。

9.有奉献牺牲精神

夫妻之间是一种典型的权利和义务的结合,但得到的东西

第二章 品味幸福婚姻

和你付出的东西并不会总是成正比,也不可能完全相等。夫妻俩总有一方会付出多些,而另一方可能付出少些,作为夫妻当然不能斤斤计较,要有奉献牺牲精神。婚姻中没有谁欠谁的,也没有高低贵贱之分,甘于牺牲付出也是做夫妻基本的要件之一。

10.充分了解、信任对方

了解对方是人际交往的基本前提,而要想做夫妻,了解当然是最最基本要做到的。对对方的家庭背景、受教育情况、性格脾气、个性特质、生活习惯等,都应该充分了解,至少得有基本的了解。了解当然还远不够,在了解之后,如果你能接纳你所了解的这些东西,你还得充分地信任对方,没有信任就没有交往,夫妻尤其如此。

11.保持一份积极的心态

"积极的心态像太阳,照到哪里哪里亮;消极的心态像月亮,初一十五不一样。"也就是说,拥有积极的心态才会时刻以饱满的热情和斗志面对人生,积极生活;而拥有消极的心态,人的情绪就会受到很大的影响,人也没有心情做任何事。婚姻需要你用一种积极的态度去面对。

其实,婚姻的幸福与否,就看夫妻二人的经营能力如何,

如果两个人都能够做到以上十一点，并且齐心合力，努力营造幸福美满之家，那么你们必将收获幸福！

第三章

先有爱情，再有婚姻

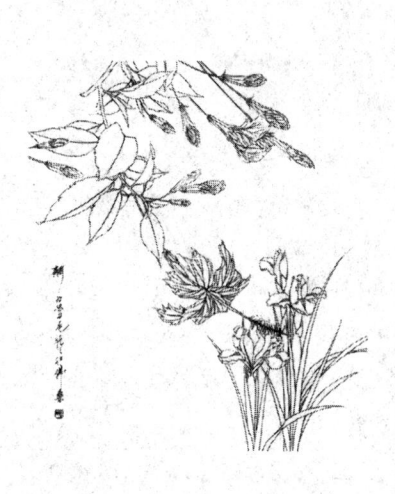

第三章　先有爱情，再有婚姻

先有爱情，后有婚姻

　　没有爱情的婚姻生活是什么？是没有黎明的长夜！恩格斯说："如果说只有以爱情为基础的婚姻才是合乎道德的，那么也只有继续保持爱情的婚姻才合乎道德。"婚姻的幸福与否，并不在于富贵贫贱，而是在于夫妻能不能去经营它，在婚姻中继续经营爱情，就会使婚姻充满光彩。

　　对于很多男人来说，婚姻的好处是永远有个属于自己的去处，问题是，永远只能有这一个去处。于是，男人们总是拖着，不想过早地让婚姻把自己禁锢起来。目前，德国心理学家研究发现，很多男人之所以不愿意在25岁之前结婚，是由于他们的大脑此时尚未发育完全。

　　现在社会上出现了两个对婚姻极端的做法：要么"闪婚"，要么拖着不结婚。对于拖着不结婚的男人的心态，心理学家做了如下分析：

首先，他们中的一部分人更加成熟，对待婚姻更加谨慎。"比起'闪婚''闪离'的人，他们更明白婚姻对一个人的意义，因此不会草率做出决定。"但同时，心理学家也表示，这部分人在平时生活中也通常表现出做事犹豫、瞻前顾后等性格特点。这种性格运用到感情上，很容易失去真爱。

其次，对另一部分人来说，不愿意结婚是因为想要不断尝试，寻找真正适合自己的女人。正如有些男人所说的，"找女朋友可以很轻易，但找老婆一定要慎重。"就是在这种频繁更换的过程中，他们伤害了太多女人，而自己最终往往也挑花了眼，很难找到自己的"真命天女"。

再次，男人晚婚是时代的产物。现代社会中，大部分人选择了婚前同居，那么，结不结婚不过是一张纸的区别而已。心理学家分析，很多人不愿意结婚是害怕承担婚后责任，结婚意味着要担负起两个家庭的责任，而这也正是很多男人想要逃避的，尤其以独生子为甚。

婚姻只是爱情的一个阶段，婚姻是让爱情法制化，让两个人心与心碰撞，情与情交流，性与爱交织，灵与肉统一。谁都知道，爱情是婚姻的基石，没有爱的婚姻是不幸的。婚姻如果没有恒久不变的爱情，那么婚姻生活过着过着就变味了，就好

第三章　先有爱情，再有婚姻

像冲泡一壶茶，经多次冲泡以后渐渐地就会没了味道，但这杯水你还要喝下去。但是，如果有了爱情的经营，就像给壶及时加入了茶叶，"水"总会保持着浓浓的茶香。其实，给婚姻加"茶叶"的方式很简单。在结婚后，如果丈夫能经常买几枝玫瑰花，送到爱妻手里，做妻子的总会像以前一样甜甜地收下，虽然妻子有时会嗔怪道："这么贵，你花这钱干什么？"但在她的内心会有初恋般的感觉。不难看出，对于善于经营婚姻的人来说，爱情会在婚姻中继续延续以至更加完美，把婚姻经营得如恋爱般的甜蜜与和谐，那么婚姻就会使爱情得以升华。

作为妻子，既不甘心处于男人的完全统治之下，迷失自己，又要让家庭永葆幸福，那么你就要学会用充满智慧的爱情来处理好恋爱关系。然而这说起来容易做起来难，关键还在于心理调适。怎样调适呢？心理学家作出了如下建议：

1. 审视自己的爱情观

静下心来，倾听自己的心声，想想自己对于爱情的理解，问问自己，是否在为爱而一味地委曲求全？是否在为爱而有意无意地放弃自己内心的一切？这样为爱而付出，自己是否感觉到了幸福？记住：真诚地回答自己。

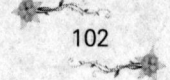

2.下定决心改变自己

如果你在努力奉献着一切，过着外人羡慕的生活，而自己却感到心已越来越远，那么，开始改变现状。不管是从每天休憩的半个小时开始，还是从重拾一份多年的爱好开始，还是从能撑起自己的一份事业开始，只要是源自内心的渴望，就果断地行动起来。

3.注重沟通的策略

已婚的女人除了保养自己的脸和身材外，更要注意改善与爱人沟通的策略，这会让你收获良多。比如，你对他的工作和能力不满，不要直接责骂，男人的自尊心其实很脆弱，换一种说法，就会好很多。你打算提出自己的要求和建议，最好不要用生硬的语气，这样会引起他的反感，如果使用温柔和商量的语气就会好很多。再比如，男人有对不起你的迹象时，最好不要意气用事、马上就换人，两个人在一起走了那么长的路，总会有一些难关，要想办法把他唤回来，而不是一脚把他踢出去。男人如风筝，聪明的女人知道什么时候松一松手中的线，什么时候把手中的线拉紧一些。

4.适当地转换角色

没有人愿意总是被依赖，也没有人愿意总是被照顾。适当

地转换一下角色，转换一种感觉，会让婚姻增加一些色彩。比如小鸟依人的你，偶尔在他劳累的时候，把他揽在怀里，让他感受你的温暖，听着你的"母爱"的心跳入眠。当然，必要的时候，也可以调皮、撒娇，对他崇拜有加，让他感受大男人的自豪。

5.学会享受生活

婚姻生活不只是一个人一味地付出，也需要与你所爱的人共同享受。当然，所谓文武之道，一张一弛，婚姻也是如此。夫妻的共同享受并不是天天如胶似漆，偶尔，应该腾出一些属于自己的自由空间，听听柔情的音乐，进入书的海洋，这能增长你对品位的自信。或者一个人去逛逛街，给自己买份礼物，给丈夫买一个钱包，在情人节里给他买一份巧克力，从中体味婚姻生活中的浪漫与温馨。假若经济条件允许，你还可以在闲暇的时候去练舍宾、学瑜伽，或者去清新高雅的茶吧，在典雅幽静的茶吧里小憩，能使你的心灵彻底放松。

从上述建议可以看出，现实生活中，我们往往把爱理解成为生活的点缀或装饰，其实爱的本质是生命最重要的渴求和认可。同样，我们常常把婚姻当成爱的凝固，而事实上，婚姻只是爱的一种形式。不是所有的爱都能形成婚姻，婚姻也并非一

个牢笼。爱和婚姻都是人生的一种经历、一个过程，而婚姻更是爱的一种境界，由爱而形成的婚姻，是爱本身的升华，是值得珍惜呵护的。人一生中，从来没有一步到位的爱或者婚姻，一见钟情是靠不住的，白头偕老才是值得追求的境界。

第三章　先有爱情，再有婚姻

幸福婚姻，需要用心经营

　　只是夫妻二人的感情没有什么问题，这还不能说他们的婚姻是非常幸福的。爱情的浪漫能使两个人感觉到幸福，而生活却影响着家中的一大群人。在这些人中间，孩子和父母对婚姻生活的影响是最大的，当然，他们既能影响婚姻的完美，又能给婚姻带来二人世界以外的幸福。

　　在婚姻的历史长河中，我们经常会有这样一种错觉，那就是很多想起来明明如同发生在昨天的事情，可细究之后才发现已经过去好多年了。这令我非常苦闷，为了自己反应上的迟钝，更为了它们一去不再复返。所有的快乐与忧愁、甜蜜与痛苦，明明还在我的头脑里充盈着、纠缠着、交织着，却被时间悄无声息地一掠而去，秋风扫落叶般干净，等到我发觉的时候，已经不能再为之做些什么了。

　　托尔斯泰伯爵夫人也发现了这一点，可惜托尔斯泰她们

知道得太迟了。在她们去世以前，她对她的女儿们承认："你们父亲的死，是因为我的缘故。"她的女儿们都痛苦了起来。他们知道母亲说的是实话，知道是她用不断的抱怨、永久的批评、不休的唠叨将父亲害死了。

但托尔斯泰伯爵及其夫人理应享受优越的环境而快乐生活。托尔斯泰著名的《战争与和平》和《安娜·卡列妮娜》在世界文学史上永远闪烁着光芒。他非常有名望，他的崇拜者甚至终日跟随他，将他说的每句话都速记下来。甚至连"我想我要就寝"这样的话也一字不漏地记下来。除名誉外，托尔斯泰与他的夫人还有财产，有地位，有孩子，看起来没别的婚姻比这更美满了。起初，他们饱尝幸福的甜蜜，以至他们一同跪下，祈祷万能的上帝继续赐予他们所有的快乐。

后来，一件惊人的事情发生了，托尔斯泰渐渐变成一个完全不同的人。他对他所著的伟大著作觉得羞辱。从那时起，他专心写作小册子，宣传和平、停止战争与消灭贫穷。这位承认在青年时曾犯过各种不可想象的罪恶的人，要真实遵从耶稣的教诲。他将所有地产给了别人，过着贫穷的生活。他种田，砍

第三章 先有爱情，再有婚姻

树，堆草。他自己做鞋，自己扫屋，用木碗吃饭，并尽力爱他的仇敌。

托尔斯泰的人生是一个悲剧，而悲剧的原因是他的婚姻。他的妻子喜欢奢侈，但他追求简朴；她渴望名誉与社会称赞，但这对他毫无意义；她企求金钱与财产，但他视金钱及财产是一种罪恶。多年的时间里，她常常责怪叫骂，因为托尔斯泰坚持要放弃他的书籍出版权，不收任何版税；而她希望那些书能带来金钱。当他反对她，她就发狂地躺在地上打滚儿，并拿出鸦片放在嘴边，声称要自杀，还要跳井。

最后，82岁的托尔斯泰不能再忍受他家庭的不幸，在1910年10月的一个雪夜，从他的妻子那里逃了出来——在寒冷黑暗中漫无目标地走着。11天后，他患肺病死在一个车站上，他临死的请求是不要让她来到他的面前。

这是托尔斯泰夫人因唠叨抱怨所付出的代价。

也许我们会想，或许她确实有许多地方是可以唠叨的。我们可以这样去想，也可以承认这一点，但问题是唠叨给了她什么帮助呢？"我想我真的是精神失常。"那是托尔斯泰夫人后

来对自己的评价。

一位在家事法庭任职11年的法官说："男人离家的一个主要原因是他们的妻子喋喋不休。"或像《波士顿邮报》所说的："许多做妻子的，不断地一点一点地挖掘，凿成她们自己婚姻的坟墓。"

其实，婚姻的幸福，需要双方不停地用心经营，这种经营是终生的。人们一旦走进婚姻的殿堂，彼此之间就要做到相互尊重、相互理解、相互关心、相互体谅、相互包容、相互配合、相互信任。只要用心经营和维护，婚姻才会天长地久，人们才会拥有幸福的婚姻。

第三章　先有爱情，再有婚姻

婚姻需要共同的兴趣

爱，不仅能温暖爱人，也会温暖自己。记得一位心理学家曾说过："没有任何成功可以弥补婚姻、家庭的失败！"所以，那些坠入情网，走进围城的男女，请学会爱吧，如果我们懂得用我们的爱去经营婚姻，如此，纵然激情褪去，我们的爱情，我们的婚姻，也必将炫如朝花，坚如磐石！

婚姻是河流，夫妻是上面的两条小船，他们在同一条河流上行驶。爱情不是船长和乘客的关系，爱情中并不是谁指导谁，也不是谁控制谁。

电影中常有这样的情形：某某正在埋头工作，一个英俊的男士进来了，怀里抱着一堆数也数不过来的玫瑰，然后露出了天使般的笑脸。这种情形哪个女人不动心？可是这种浪漫在现实婚姻中并不多见。

好多女人都愤愤地说，自从结婚后便感到什么结婚纪念

日、生日、情人节这种应该浪漫的时刻似乎已经不属于自己了，因为那个榆木疙瘩丈夫不配合。而好多男人则埋怨，自己的妻子一点儿也不浪漫，他们的生活天天都是一个样，上班、吃饭、应酬、睡觉。总之，乏味透了。

的确，几乎所有的女人都喜欢浪漫，而男人则喜欢浪漫的女人。所以，无论是丈夫还是妻子，不仅要懂得享受浪漫，更要懂得不失时机地营造浪漫，这不仅能让趋于平淡的生活更有色彩，也能增进夫妻间的感情。

著名的社会学家米特，对近500对幸福夫妻分析后指出："共享每一件东西，包括某一种信仰，可以使人与人之间的关系更加密切。适应与分享爱人的嗜好和偏爱，是获得美满幸福婚姻的重要因素。"

著名的舞蹈学家比琳夫人与丈夫一生幸福美满，她在谈到做妻子的诀窍时也如是说："我吸引丈夫最重要的诀窍是适应与分享他的嗜好。开始我对游泳和打网球一窍不通，因此，闲暇时我就去学习，一段时间以后，当我穿上泳装与丈夫到海滨游泳时，他一下子高兴地将我抱了起来，我也从中获得了极大的幸福与快乐。在以后所有的休假中，只要可能，我们就一起去享受这些运动。"

第三章　先有爱情，再有婚姻

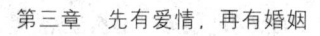

的确，整天因工作而没有娱乐，会使婚姻变得索然无味。如果夫妻两人又经常把谈话的焦点集中在孩子或工作上，慢慢地就会发现除此以外你们可谈的东西很少。这时，你们不妨抽出时间来培养一些共同的兴趣，并一起参与其中，如此不仅能为索然无味的婚姻增添几多乐趣，也能使夫妻之间的共同语言与日俱增，夫妻间的感情自然也会愈来愈深。

那么，夫妻两人该怎样做才能培养起共同的兴趣呢？

首先，夫妻两人要互相尊重。由于个人的生理、知识和认识条件不同，对事物的需要倾向和程度就不同，因而表现在兴趣上具有明显的个性特征。如有的丈夫喜欢上网，妻子喜欢逛街；有的妻子酷爱音乐，丈夫迷于体育；有的丈夫爱看电影，妻子热衷小说……对于这些不同的兴趣爱好，不可一味地指责抱怨，也不可把自己的好恶强加于他人，更不可要求对方改变自己的兴趣，而应当相互尊重，相互包容。

方远自小就对国际象棋产生了浓厚的兴趣，结婚之后，他仍保持着单身时代的习惯，休闲时常常抛下娇妻去找朋友们下几盘国际象棋。他的妻子刚开始那段日子过得很不愉快，她非常希望丈夫能够时常留在家中陪伴自己，可怎样才能拴住丈夫呢？这位妻子没有像许多人那样唠叨、哭泣，更没有耍吵闹

或"回娘家"之类的威风。相反，她在家里为丈夫准备了棋子棋盘，并布置了雅致的棋桌，让丈夫时常邀一些朋友来家里下棋，这样一来，他自然不再整天跑到外面去了。

其次，夫妻两人要互相诱导。所谓诱导，就是指有意识地把自己的兴趣渗透给爱人，同时也主动培养自己对爱人感兴趣事物的兴趣。如你以前对看球赛一无所好，为了照顾爱人的情绪，不妨跟着一起去看看。在"看"的过程中又有爱人这个义务讲解员热心讲解，说不定你慢慢也会对看球赛产生兴趣了。

有些夫妻往往缺乏这种态度，对于对方的兴趣，不是主动诱导，而是"井水不犯河水"，你搞你的兴趣，我搞我的爱好，他们认为，男女双方都各自有事去忙，为什么非得强迫自己去适应爱人的一些兴趣？而这个借口正是淡漠夫妻关系的罪魁祸首，会使爱人感到寂寞与孤独，甚至可能发生感情转移。难怪经常听到有一些妻子如此抱怨，丈夫把大部分愉快的周末都浪费在了电脑前，不陪自己看电影、逛街，使自己备感寂寞。

当然，夫妻俩要培养共同的兴趣，一定要注意道德和法律原则，倘若爱人嗜赌、嗜酒甚至嗜偷、嗜骗等，你也一味地去迎合、共享，那就不是去培养兴趣，而是成了助纣为虐、招灾惹祸了。

第三章　先有爱情，再有婚姻

婚姻需要耐心和奉献

　　婚姻不是为了填补人生的完整性，因此，你要自己首先圆满起来，然后寻找另一个圆满的人，最后大家才会幸福。渴望别人来圆满自己，一定只会落得失望。

　　男人偏重于理性，女人偏重于感情，因此，女人应该对情调更为敏感，婚姻中有无情调往往取决于女人。

　　结婚的时候，大部分女人都渴望自己的婚姻是浪漫有情调的，可是随着时间的推移，丈夫的理性使得他对情感反应相对迟钝一些。再加上忙不完的家务等，使得现实不能满足女人对婚姻的期望。女人往往最先感到婚姻无味。面对女人心里的不快乐，男人们往往很奇怪："我哪点不好了？你们女人就是太闲！"这就是性别不同造成的对婚姻的不同感受。那么，婚姻中的女人面对这种情况，如何让自己的生活快乐，并带动男人一起过着有情调的生活？女人应该让自己学会调控生活。烛光

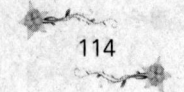

晚餐，花瓶里的花香，女人特有的香味……这些有情调的元素往往都出于女人之手。有些做妻子的埋怨丈夫不够浪漫，没有情趣，其实浪漫的情调来自浪漫的环境。做妻子的要善于收拾并布置出一个有情调的家，柔和的灯光和清新的气息都能唤起丈夫的激情。这当然要额外的付出与精心的营造，但能换来夫妻生活的激情，又算得了什么？浪漫而健康的婚姻生活里，往往充满了妻子无限的耐心和奉献，所以说，女人该是情调生活的主角。

在婚姻中和一个板着面孔不苟言笑的人一起生活，一定没有趣味。夫妻间关系独特，有情趣的人会利用这种关系，用"打情骂俏"的"轻浮"来增添夫妻间的情趣。

夫妻相处久了，会产生"审美疲劳"和"另类生活疲劳"。很多时候，男人可以"轻浮"一些，比如，可以厚着脸皮对太太说："为了节约用水，我们只好洗鸳鸯浴了！"其间能相互搓搓背，那种幸福就会超出两性之间所带来的感觉。值得注意的是，对第三者的"挑逗"是一种轻浮的表现，可夫妻间的挑逗却是一种情调。因此，夫妻间可以用"轻浮"的语言与动作来"挑逗"对方，以此营造婚姻生活的情趣。

语言本身就是一个美妙的情感启动器，只要善于挖掘它

第三章　先有爱情，再有婚姻

的情趣，单单用语言就可以起到调情的作用。夫妻之间，除了工作、生活、孩子等话题，还有一项内容与性、与情有关，这便是夫妻间独特的"情趣"。它可能是夫妻间的一种玩笑、游戏、情调，甚至撒娇、赌气等。夫妻间的"情趣"，虽然有些与性主题有关，但因为只局限于亲密的两人世界里，故不会显得肮脏、下流，反而很有情趣，在两个人之间散发出一种"情欲芬芳"。

另外，婚后对爱人的亲昵动作不可少。身态专家研究发现，男女两个人一旦建立了亲密关系，就会在心理上渴望能有亲密的接触，并能在接触中加深感情。因此，夫妻间不要忘记对对方表现出一些亲密行为，如牵手、揽肩、抚摸头发、依偎、拥抱等。

不要认为没有鲜花、咖啡和牛排的生活就不会有什么情调，认为生活的情调总是以经济做后盾的，那是婚姻生活的一个误区。

农村的一些夫妻，他们没有太多物质享受，更没有良好的经济基础，但他们之间也不乏有情调的婚姻生活。男人从田野回来，顺便给女人摘一束野花，女人会在上面嗅个不停，随后会灌一啤酒瓶清水，把花插在里面养着。有时，男人会带回来

一些野果，放到女人嘴里，把女人酸得直咧嘴……女人闻的是花香，尝的是酸果，但在她心里荡漾着的却是一种甜美。男人看着女人嗅着花香和酸得直咧嘴的模样，他感到自己的女人是天下最美的，心里同样满揣着幸福。婚姻生活有无情调，不在于生活处于一个什么样的状态，而在于夫妻两个人怎么去做。只要是夫妻，总能营造出一些情调来。

有一位先生结婚20年，他从来没有觉得婚姻生活单调过。他的经验是，首先要在太太面前有一定的威信，赢得太太敬重甚至崇拜后，再玩一些夫妻间的闹剧，这样给婚姻生活增添一些情趣。比如太太的睡衣比较花，就称其"花姑娘"；对于太太的称呼，他能用十几种方言叫出来，就是一个称呼，有时竟能惹得太太哈哈大笑，在妻子的笑声中夹杂的更多是生活的情调。在妻子忙碌累了的时候，先生会适时出现在沙发边为她做几节"三流的推拿"，虽然很不专业，"推拿"重了使得太太尖叫，轻时只会起到挠痒痒的作用。但先生说起码是"异性按摩"，而且"三流"总比下流好。这时的太太总是开心地躺在沙发上，享受着丈夫的"折磨"。先生的"活宝做派"，不仅使妻子的倦意即刻烟消云散，更给家里带来不少快乐，婚姻的乐趣也蕴含其中。

所以，有情调的生活主要还在于两个人的生活态度，它与家庭的富有和贫穷无关。因为夫妻关系是一种独特的关系，独特的关系使得两个人可以做一些独特的事，这样会使生活更有情调。

婚姻需要互相欣赏

男性对于女性追求美观及装束得体的努力应表示欣赏。所有的男人都忘了，如果他们曾有过察觉的话，将知道女性是如何注重自己的衣着。

对很多男人来讲，他们也许想不起自己五年前穿的什么衣服，拿什么包，他们甚至毫不留意去记住它们，但女人则不同。

例如，如果一位男子同一位女子在街上遇见另一个男子同另一个女子时，这位女子很少看那位男子，但她会不时地留意看另一位女子的穿着打扮。

一位老人，在她去世前不久，当别人给她看一张她自己在三十多年前所拍的照片时，她的老花眼已看不清照片了，但她问的唯一的问题是："那时我穿着什么衣服？"一位在她生命最后岁月的老太太，虽然年事已高，卧床不起，记忆力衰弱得几乎不能辨认她自己的女儿了，但还注意自己三十多年前穿的

第三章　先有爱情，再有婚姻

什么衣服！法国上流社会的男子都要接受训练，对女人的衣帽表示赞美，而且一晚上不止一次。

有一位农家妇女，经过一天的辛苦以后，在她的男人面前放下一大堆草。男人恼怒地问她是否疯了，她回答说："啊，我怎么知道你注意了？我为你做了20年的饭，在那么长的时间里，我从未听见一句话使我知道你们吃的不是草！"

莫斯科与圣彼得堡的那些养尊处优的贵族曾有很好的礼貌。上流社会有一风俗，当他们享受丰美的菜肴时，定会将厨师召进食堂，给予真挚的恭贺。

为什么不同样体谅一下你的妻子？下次当她烧鸡烧得很嫩时，你就真诚地夸奖她，使她知道你欣赏她的手艺——你不是在吃草。或像格恩常说的："好好地捧一捧这位小妇人。"因为她们都喜欢这样。当你正要做出这样一类的表示时，不要怕她们知道，她对你的快乐是如何的重要。狄斯瑞利这位英国伟大的政治家，就不羞于让世界都知道他沾了他妻子多少光。他说："我沾光于我夫人的多于世上其他任何人。我在儿童时，她是我最好的朋友，她帮助我勇往直前。我们结婚以后，她节省每一镑钱，然后进行再投资，为我储存了家当。我们有五个可爱的孩子。她一直为我营造一个美丽的家庭，如果我有成就

应归功于她。"

在好莱坞，婚姻似乎是一件冒险的事，甚至伦敦的劳慈保险公司都不愿打赌，在少数快乐婚姻中，巴克斯德是一个。巴克斯德的夫人以前叫勃来逊，她放弃灿烂的舞台事业而结婚了，但她在事业上的牺牲并没有使她失去快乐。"她失去了来自舞台成功的鼓掌称赞，"巴克斯德说，"但我已尽力使她完全感受到了我的鼓掌和称赞。如果一个女子想从她丈夫那里得到快乐，她必须在他的欣赏与真诚中才能得到。如果那欣赏与真诚是实际的，他的快乐也就得到了保证。"

现在你应该明白了，如果你要保持家庭生活快乐，那么就请给予对方真诚的欣赏。

第三章　先有爱情，再有婚姻

婚姻需要灵活

　　婚姻最不喜欢刻板、笨拙、没有情趣的人。在二人世界里，"坏"的男人更有意思一点儿；有些嗲气的女人更可爱，她含羞转身，拿手指戳了一下男主人的脑袋："你这个人，真坏！"这就是婚姻中最甜美的瞬间之一。

　　女孩在肯德基店中和男友吵了起来，只听女孩稍稍高了音量："……只有那样我才知道你爱我！"

　　是什么要求？一束娇艳的玫瑰花，一盒香浓的巧克力？抑或一个甜蜜的吻，一个热烈的恋人的拥抱？

　　男孩整个人便凝固住了……良久，他撑着椅子，慢慢起身，很慢很慢，随时会停下来一样，眼睛一眨不眨盯着女孩，满脸的乞怜与哀求。而女孩只甜甜地笑，表情天真，脚尖轻轻踢着。

　　他轻轻蹲下身，迟疑地伸手，仿佛要帮女孩系鞋带，却忽

然飞快地一倾身，轻轻地吻了一下女孩赤裸的、一直满不在乎摆荡着的脚……然后他飞速弹回原处，满脸绯红，而眼里有奇异的、不能按捺又极力按捺的难堪……

女孩轻轻扬声笑了，眼神无邪如天使。接着他们起身而去，女孩伸手挽着他，如寻常情侣。

他跪下去亲了她的脚！而这里是肯德基，大庭广众的公共场合，音乐、笑声、薯条的香味，那么多陌生的目光。

是什么可以让一个男人放下所有的身段，放弃膝头的黄金，不顾尊严，忘记脸面，在公众面前这般"作践"自己？的确，他爱她，可她爱他吗？她当然不爱他！没有一个女子会忍心当众羞辱自己心爱的人。

还有一个类似的故事，让我们来看看这位主人公：

有个女孩从小就在娇生惯养中长大，每个人都疼爱她，事事依着她。她有一个很爱她的男友，就在他求婚的那天晚上，女孩子任性地说："假如你能在我家楼下站上100天，我就嫁给你，因为那样我才知道你是爱我的。"

男孩想再做一次努力和争取，可女孩说完便转身离去，没给他继续说话的机会。

第三章 先有爱情，再有婚姻

　　为了能和自己心爱的人永远生活在一起，第二天一大早，男孩真的来到女孩家楼下，手捧着一束玫瑰花，傻傻地站在那里。女孩透过窗帘远远看见男孩挺直的身影，却没有做什么，而是继续着她的生活，这是第一天。

　　以后，不管是刮风下雨还是烈日当空，男孩真的是天天站在那儿，他的面容日渐消瘦苍白……但女孩似乎一点儿都没有动心，看着他从炎热的夏天，站到了大风萧瑟的秋天，甚至颇为得意。

　　90天、91天……98天、99天、100天？不，就在第99天晚上，只差几分钟就到100天的时候，女孩推开窗户，看见男孩还在那儿痴痴地等待，女孩的眼泪涌了出来，她终于明白了自己有多么爱那个男孩，她不顾一切地奔下楼去……

　　可惜，当她来到男孩等候她的地方时，男孩已经不在了，地上静静地放着一束早已枯萎的玫瑰花和一封信，女孩打开了那封信，只见上面清楚地写着：

　　如果你真的爱我，便不会用这种近乎刁难的方法来考核我对你的爱。我多希望你只要看见我在这里，就会飞奔下来，可

惜你没有……99天的等候，证明我爱你；1天的离开，证明我虽爱你，但我有尊严。对不起，我走了，希望下一个他也像我一样爱你！

女孩在那里傻傻地站着……

是的，考验，没什么不对。只是不要把考验和刁难画上等号。因为刁难是爱情中最狰狞的字眼，它不仅会严重刺伤人的自尊心，更会让苦恋迟迟没有进展，他当然会选择离去。

第三章　先有爱情，再有婚姻

婚姻需要相敬如宾

　　无礼，是侵蚀爱情的祸水。也许我们每一个人都知道这一点，而且我们都会感觉到这一点，我们对陌生人比对自家人或亲属要更加客气有礼。我们绝对不会想到要阻止陌生人说："哎哟，你又要讲那个旧故事了吗？"我们决然不会未经许可而拆开朋友的信，或窥探他们的秘密。而只有家中的人，我们最亲近的人，我们才胆敢因为他们的小错而"侮辱"他们。

　　让我们看看卡耐基所说的一句话："那是一件惊人的事，但唯一真实地对我们说出刻薄、侮辱、伤感情的话的人，都是我们家的人。"

　　在荷兰，当你进入屋子以前，必须将鞋脱在门口。这里可从荷兰人那学到一个教训——将我们每一天工作中的烦闷在进家门之前清除掉。詹姆斯有一次曾写过一篇文章——《人类的某种盲目》。"本文所要讨论的人类的盲目，"他写道，"是我们人人

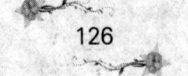

都患有的关于与我们不同的动物及人的感情的盲目。"

"人人都患有的盲目",许多男性决然做不到对顾客,或对他们工作中的伙伴说出锋利难听之言,但却会不假思索地对他们的妻子狂吼。而从他们的个人快乐角度来看,婚姻比他们的工作更加重要,与他们的关系更加密切。

婚姻幸福的普通人,比幽居的天才快乐得多。俄国著名小说家德琴尼夫受到世界各国的敬仰。但他说:"如果什么地方有个女人关心我回家吃饭,我情愿放弃我所有的天分及我所有的书籍。"

婚姻幸福的机会究竟如何?本诺博士认为:"一个男人在婚姻上成功的机会,比在其他任何事业上都多。所有进入杂货业的男人,70%失败,进入婚姻的男人,70%成功。"

与婚姻相比,出生不过是一生的一幕,死亡不过是一件意外……女人永远不能明白,为什么男人不用对待事业的努力经营家庭,使之成为一个发达的"机关"……虽然有一个妻子、一个和平快乐的家庭,比赚100元对一个男人来说更有意义……女人永远不明白,为什么她的丈夫不能用一点"外交手段"来对待她,为什么不多用一点儿温柔手段,而不是高压手段——那都是对他有益的。

第三章　先有爱情，再有婚姻

　　大凡男人都知道，他可先让妻子快乐然后使她做任何事，并且不需要任何报酬，他知道如果他给她几句简单的恭维，说她管家如何好，她如何帮了他的忙，她就会节省每一分钱了。每个男人都知道，如果他告诉他的妻子，她穿着去年的衣服如何美丽、可爱，她就不会再三买时髦的巴黎进口货了。每个男人都知道，他可以把妻子瞪得浑圆的眼睛吻得闭起来，直到她盲如蝙蝠；他只要在她的唇上热烈一吻，即可令她哑如牡蛎。

　　而且每个妻子都知道她的丈夫明白自己需要什么，因为她已经完全跟他表白过，但她们又永远不知道是要对他发怒，还是讨厌他，因为他情愿和她争吵，情愿浪费他的钱为她买新衣、汽车、珠宝，也不愿为一点儿小事去"谄媚"，满足她迫切的要求。所以，如果你想保持家庭生活快乐，那么对你的妻子（丈夫）要有礼貌。

别让生活过得太累

　　人都喜欢事事做到尽善尽美，做人也要考虑面面俱到，但世无完人，这样做只会累死自己，并让你处于一种不能超脱的心理负担中。

　　无论是什么时候，怀揣着什么样的心理，女人都要明白一点，想要面面俱到，讨好每一个人，那是绝对不可能的，因为你不可能顾及每一个人的利益。你自以为把事情处置得十分周全，但对其他人来说，他们或许还嫌你做得不够。换句话说，由于每个人的感受和需求都各不相同，所以无论你怎样"周到"，都会有人不满意！

　　生活中，常听一些女人喊出这样的话："生活真是太累了！"其实，生活本身并不累，它只是按照自然规律和它本身的规律在运转。说生活太累的女人都是因为错误的生活方式，才会让自己活得太累、太辛苦。

第三章　先有爱情，再有婚姻

是啊，生活的压力的确让人感到喘不过气，但你可选择更愉快的方式过日子。生活在这个世界上，你要为衣、食、住、行奔忙，要去应付各种各样的事，还要去与各种各样的人相处，可谁又能保证你所接触的事都是好事，你所遇到的人都是谦谦君子呢？生活中必然会有喜有悲，有幸运也会有不幸。人也是如此，有君子就有小人，有高尚之人就有卑鄙之徒。事物都是相对而生的，否则生活又怎么能称为生活呢？只有各种各样的事、各种各样的人糅合在一起，才能构成色彩斑斓的世界，也只有这样的生活才是有滋味的。

在生活中，面对着各种各样不合自己心意的人，与各种不同性格的人相处，你会采取什么样的态度？是坦然、磊落、轻松地对待，还是谨小慎微？值得告诉女人的是不要让自己长期生活在紧张、压抑之中，不要让自己的琴弦绷得太紧，也就是，别活得那么累。必要的时候放松一下，轻松地活着。

生活毕竟是公平的，对谁都是一样，没有绝对的幸运儿，更没有彻底的倒霉鬼，你有这样的不幸，她还有那样的烦心事；别人有那样的好机会，你还会有这样的好运气。所以，千万别把自己说得那么悲惨，更不要把自己缠绕在自己织的网中，挣扎不出来。

感觉生活太累的女人通常都是一些胆小怕事者,她们每说一句话都要考虑别人会怎么看待自己,会不会因为这一句话而伤害某人;每做一件事都要瞻前顾后,生怕因为自己的举动给自己带来不好的影响。工作中,对领导、同事小心翼翼;生活中,对朋友、邻居万分小心。其实,你的周围有那么多人,而每个人的脾气都不一样,你不可能做到使每个人都满意。即使你样样谨小慎微,还是会有人对你有成见。所以只要不违背常情,不失自己的良心,那么挺起胸膛来做人、做事,这样的效果可能很好。

感觉活得太累的女人往往不懂得如何很好地调整自己,每遇不幸发生时,她们总是无法乐观地去看待,而且容易对生活产生悲观想法,似乎世界末日就要来临了。哪怕是看电视时看到某地发生了地震,死了许多人,也会紧张得要命,夜里不得安睡,总是疑心地球要爆炸了,说不定哪天自己就上西天了。这不是杞人忧天吗?

如果女人总是生活在心情沉重、感情压抑之中,长期下来,那将是件非常可怕的事情。处处都要考虑得失,时时都要注意不必要的小节,你还有更多的时间去干正事,去成就你的事业吗?因为你连很小的一件事都要左思右想,时间就在你的犹豫中

溜走了。也许，当你老了的时候，你回过头来会发现自己是那么渺小，两手空空，一事无成。到那时，你也只有空悲切了。

总是感觉生活太累的女人，必然看不到生活中光明的一面，更感受不到生活的乐趣，因为你的时间统统用来盯住自己周围狭小的空间，而无暇顾及他事。而且你的生活非常被动，因为你不愿主动去做什么，生怕天上飞鸟的羽毛砸了自己。这样的生活不会是幸福的，更没有快乐可言，这样的生活是沉重的。

既然活得累是件很痛苦的事，既然生命对我们来说是那么宝贵、那么短暂，我们何不换一种活法，活得轻松、幽默一点儿，努力去感受生活中的阳光，把阴影抛在后头？即使工作任务很重，也要抽出一点儿时间来放松一下自己，那样会对你的工作更有益处。

女人，做你该做的吧！只要你认为是对的，你就坚定地去做，可以参考其他人的意见，但不必听任别人的指挥，这么做有时确实会让一些人不高兴，但只要你认为是对的，是能为大家谋得最大利益的，那就放手去做吧！我相信，事后你必定可以赢得这些人的尊敬。

生活中难免会出错。我们有太多的事要去做，也有太多的错误需要弥补。为了保持平衡，你应该多给自己一点儿空间，

接受现实中不完美的一面。实际上，如果事事都那样完美，生活就不会这么有趣了。

太将注意力集中在自己做错的事情上，很容易就让你往牛角尖里钻。你会觉得自己真是一无是处，你会一直沉浸在懊恼、愤怒与沮丧的情绪中，从而更加紧张，也更加吹毛求疵。

当你想起令自己感到骄傲的事时，你会将注意力集中在自己的优点上。你会感觉自己才华横溢，而且潜力无穷。你会给自己一些空间，容许自己有发挥及改正错误的机会。

多去想想令你感到骄傲或快乐的事，能让你变成一个更有自信和耐心的人，你会看到人生的积极面，不会再去吹毛求疵，你会知道自己和身边的每一个人都在尽力而为。只要将心态调整好，将注意力集中在自己的优点而非缺点上，你就会感受到前所未有的轻松和快乐。

如果因为激情而结婚，来得快去得也快，可维持两年；尚若为孕责而结婚，没有爱，可维持三年；为金钱而结婚，欲望无限，可维持五年；为诺言而结婚，随着时间而忘诺，可维持十年；为誓约而结婚，可持续十年；为真情而结婚，可相守一辈子。

婚姻是一种责任与义务，是彼此的包容、关怀、牵挂，并在厮守中融入亲情，只有这样的婚姻才是最可靠、美满的。

第四章

用心守护

第四章　用心守护

婚姻的真谛

　　自从我结婚之后，闲来无事的时候，总喜欢跟朋友们在一起拉拉家常，作为已婚族，我们谈论最多的话题就是婚姻。

　　婚姻不仅是人类永恒的话题，更是女人的话题。一次，我问大家，我们天天说婚姻，说家庭，可到底什么是婚姻呢？对此，朋友们各持己见，各自发表对婚姻的不同看法，有时还会争得面红耳赤，仔细想想，婚姻，这是一个偌大的词，包含了太多太多的内容，怎么是一句话两句话就可以说得清楚的呢？于是，我顿时在心底萌生了一个念头——我要写一本有关婚姻生活的书。

　　婚姻不只是一纸婚书、一句承诺，它是两个人共同面对生活的喜怒哀乐、风风雨雨，携手走过大半生的旅程，它更是两个人一辈子的相濡以沫、不离不弃。当然，这只是其中的一个方面。

毋庸置疑，婚姻是美好的，因为一提到婚前准备，人们立刻会想到新房、新衣、家具、彩电和冰箱等物品。这些东西都有了，就说是准备齐全了。其实，这仅仅说对了一半。要想拥有幸福美满的婚姻，这些准备工作做得并不到位。因为结婚不仅要做必要的物质准备，还包括比物质准备更为重要的准备——心理准备。

心理准备就是在心理上增强对婚后生活的适应能力。男女相恋的时光是美好的。男女双方流连于花前月下，徜徉在柳荫湖畔，抒豪言壮语，谈理想未来，千种柔情，万般恩爱，无比幸福。如果由此便以为婚后的生活也是鲜花铺路，金光灿烂，那就大错特错了。

生活是复杂的，苦辣酸甜咸五味俱全，喜怒哀乐愁应有尽有。恋爱阶段，男女双方还没有接触到生活的全部和实质，只是领略了生活中美的一面，行使了享受生活的权利。

但是，在婚后生活中，作为家庭的主人，夫妻双方将要肩负起生活的重担，衣、食、住、行、用这些平淡而又琐碎的事情都需要去考虑，洗衣、做饭、搞卫生这些缠手的家务都需要去做。

生活并不是一帆风顺的，荆棘和坎坷随时都可能出现，这

第四章 用心守护

些问题就实实在在地存在于我们每一个人的生活中,存在于每对夫妻的生活中。而且,夫妻双方都有一些各自不同的需要、愿望和观点,不可能都能满足对方的期望。加上婚姻生活一旦开始,遮在夫妻双方身上的神秘轻纱便被撩开,从亲密无间的接触中,从早到晚长时间的相处中,也许会发现对方不像婚前所见的那般完美,对方的优点越来越少,而缺点却与日俱增。

凡此种种,都要求夫妻双方对未来的生活要有全面的认识,尽量多考虑可能出现的困难,在心理上要防止对婚后生活的过高期望,同时做好对爱人的缺点毛病宽容和谅解的准备,这样才会在婚姻生活开始时掌握主动,沉着应付,很快适应。

因为人们为婚姻设了很多比喻,这扰乱了我的思维。

所以,尽管我萌生了写书的念头,但是人们的种种观点让我思绪纷飞,酝酿许久之后,也不知该如何下笔。直到那一次,我终于灵感突发。

那是一个非常偶然的机会。我在和一位妇联的朋友谈论婚姻话题的时候,无意中听见她说了这样一句话:"婚姻就是婚姻,任何对婚姻的比喻,对婚姻来说都是正确的,但对个人来说都是片面的。"

这段话就像是一个警钟,让我如梦初醒。我突然感到不

能按照自己想法写，其实婚姻无所谓什么定义，或者是什么最具有普遍意义的比喻，因为人与人之间是不一样的，无论我对婚姻是什么的看法，给出的答案是多么的精妙，那都是不全面的。因此我得出这样一个结论：婚姻的关键，不是要弄清楚婚姻是什么，而是要知道幸福的婚姻该怎样去经营。至此，我终于为本书找到了一个最佳切入点。

在这本书里，我想告诉人们，如何才能获得婚姻的幸福，我们该如何安排好两个人在生活中那些零零碎碎的事，如何在那些日常小事中酿出精彩的生活。而至于什么是婚姻的话题，每个人只能根据自己的经历，在婚姻生活的体会和感悟中，自己给出一个答案来。

"婚姻是爱情的坟墓"，那是在一本诗集中看到的，当时自己还是一个懵懂的少年，也许是还没经历前月下恋爱的浪漫和结婚的洗礼，因而这句话给我带来的体会并不深。

现在看来，"婚姻是爱情的坟墓"，是婚姻失败者的悲叹。后来，读钱钟书先生的《围城》发现，把婚姻比作"围城"可以说是脍炙人口了——外面的人想进去，里面的人想出来。

但是，现实中并不全像钱钟书先生说的那样，并不是大多数人都急着进来或出去。严格地说，钱先生说得也不准确。于

第四章　用心守护

是，在我的这本书中，我把钱先生的这句话改了："外面的人想进去体验精彩，里面的人想出来摆脱乏味。"很显然，婚姻因对象的不同而显出它的复杂性，不同人对婚姻的看法是不同的。这不同的看法，往往来自人的感受。

于是，又有人把婚姻比喻成鞋子，说："鞋子穿着舒服不舒服只有脚知道。"它的意思是夫妻俩相处是否和谐，只有两口子自己知道。在这个比喻里，人们会悟出什么是婚姻：新鞋上脚总有一些不贴切的，这也就需要慢慢"磨合"、互相适应，不能稍不合脚就一丢了之。

此外，还有人把现代随意离婚者的婚姻比作粘贴纸，既可粘得紧紧的，又可以撕开，各自寻求新的黏合对象，真是贴切极了；还有人把婚姻比作一棵树，说一棵树根基再牢，但如果有风来刮它，有人来摇它，也容易倒下。很显然，这里说的"刮"和"摇"大概是指婚姻的外部环境影响，如名、利、色等的利诱。

我有个同学，他前年和妻子离婚了，每当谈及此事他都颇有后悔之意，他曾这样说："夫妻好比是两只并行的船，如果有了隔阂，拉开了距离，前面的这一只就应该松几橹，或者是落下帆来，等一等；后面的一只就应该加把劲，摇得快一点，

赶上去,这样才会重新靠拢,并排像从前一样。哪能像我那样,看看另一只船落后了,还要拼命摇几橹的呢?"

听了他的话,我也感慨万千。的确,他的比喻和鞋子的比喻有些相似,两个完全独立的人怎么可能事事一致,处处想到一块儿去呢?也就是说,两个人在一起生活,有分歧,有矛盾,有摩擦都是在所难免的,关键是怎么来消除它们。我想,最好的办法莫过于我的同学所说的那样:一个等一等,一个追一追,慢慢磨合。我想,经过了这样一个更有利于双方深刻地了解彼此的过程,两个人的包容性都会更强,生活也会更加顺利。

很多人都看过电视剧《金婚》,相信看过之后,也会有很多感悟。由张国立和蒋雯丽饰演的夫妻,从结婚到生子,从生活中的鸡毛蒜皮的小事,到儿女们的婚姻大事,他们把生活的方方面面都演绎得淋漓尽致。他们也有过不愉快,有过争吵,但是他们依旧携手走过了50年。也许,真正的婚姻生活并不是没有波澜,而是在一次次小的波浪后又能恢复平静,就这样周而复始,年复一年。

没有人可以给婚姻下一个非常准确的定义,因为这是一个很难说得清楚的问题,每个人在婚姻中所扮的角色不同,每个人又有着不同的人生经历,这使得每个人对婚姻的看法各有不同。

第四章 用心守护

当然，以前我记得有人说过，若想知道婚姻到底什么，可以问问那些走过金婚、钻石婚的老夫老妻，该去问问厮守百年的老夫妻，他们一定知道婚姻的答案。可是，当我们看到媒体对一对百岁老人关于婚姻的采访时，他们给出的答案，也只是根据自己的感受给婚姻打了一个比方，他们说："自己的婚姻好比是游山，年轻时，男女携手登高坡，沿途旖旎风光、乐事无限，等到日暮云霭，互相扶持说说笑笑缓缓下山岗。"

你若想知道到底什么是婚姻，最好的办法就是用心经营你们的婚姻，和你的爱人白头偕老，相守一生，当你们走过银婚、金婚、钻石婚的时候，也许你们就会领悟婚姻的真谛。

增强沟通，为幸福婚姻打下基础

在构成婚姻的基本因素中，婚前婚后两性的心理变化是我们必须关注的重要方面。结婚后，夫妻虽然朝夕相处，但双方并不一定就是非常了解彼此的。从某种程度上来说，夫妻双方存在着不小的心理差异，尤其是婚前婚后的差异，表现得更为明显。只有了解这种差异，才能在一定程度上保证夫妻生活的美满、和谐。

男性的情绪一般较为稳定，相对而言，女性的情绪则容易波动。无论在外面遇到高兴的事还是沮丧的事，丈夫在回到家后都能够沉得住气，不急于向妻子诉说。而妻子则不然，遇到高兴的事就会喜形于色，反复诉说，遇到不高兴的事就会向丈夫大倒苦水，有时爱生闷气，给家人脸色看。这样，就更需要丈夫充分理解女性的心理特点，平时注意观察妻子的情结，及时加以开导、体贴和关心。

第四章 用心守护

男性的自尊心比较强,往往有意或无意地表现出男子汉的尊严。而女性的虚荣心较强,愿意让别人欣赏自己的穿着、容貌或夸奖自己的孩子、丈夫。所以,妻子应当理解丈夫和自己之间的心理差异,理解男人最需要尊严。

有时候,男性在思想上显得比较迟钝,而女性敏感又喜欢联想。所以丈夫应该理解女性的心理特点,不要和妻子斤斤计较。作为妻子,也应该理解男人的粗枝大叶,凡事不要想得太多,这样,便可以避免许多矛盾。

另外,在持家方面,夫妻间也存在很大的心理差异。一般来说,丈夫的持家意识比较弱,而妻子则有较强的持家意识。大多数妻子在家时总是忙个不停,还埋怨丈夫不做家务。虽然现在有很多丈夫也开始或主动或被动地做家务,但是妻子依旧不放心,往往还是会在一边指手画脚,有时还会把丈夫做好的家务重新做一遍。其实,这样做不但没能妥善处理做家务的事情,反而还会极大地挫伤丈夫做家务的积极性。丈夫不做,你不满意;丈夫做了,你还不满意。丈夫也不知道该如何是好了。

操持家务应该是夫妻双方的任务,妻子应该调动丈夫的积极性,鼓励丈夫认真做好家务。平时,工作比较清闲,时间比较充裕的一方可以尽量多分担一些家务,毕竟家是两个人的,

大家都参与做家务，也会增加一些爱的幸福感，有利于营造和谐的家庭氛围。即使丈夫笨手笨脚，妻子也要耐心指导，不要尽是批评和指责。

此外，妻子的持家意识还体现在对家庭收支的管理上。一般家庭中，妻子往往愿意掌管财政大权。但是，由于男性遇事通常比较冷静、理智，而女性容易受外界的影响，容易冲动消费，因此，在处理一些事情上，妻子最好能听取丈夫的建议。但不管当家理财的是丈夫还是妻子，在重大的家庭支出问题上，最好是两个人共同商量、解决。

当然，以上所讲的夫妻心理差异都是较普遍的，也不排除有特殊情形存在。但无论具体差异如何，夫妻双方都应该懂得互相取长补短，共同促进生活的幸福、美满。

其实，恋爱中的情侣与婚姻中的夫妻也有很大的心理差异，恋爱中的情侣更喜欢把倾心相爱的感情直接表达出来。为赢得恋人的好感，往往对恋人的要求极为关注，并给以最大限度的满足。因此，恋爱的双方经常处在一种紧张而幸福的心理状态之中。但随着婚姻关系的确立，这种紧张的心理状态自动消除，双方不再需要掩饰自己的感情，而更多地表现出本真、率直的一面。

第四章 用心守护

　　婚后,夫妻间的心理也会发生不同程度的变化。这种变化是人类婚姻过程中的一种正常心理现象,并不意味着男女之间的爱情随着婚姻关系的发展而逐步消亡,只是说爱着的对方在心理上和表达爱的方式上发生了某些变化。

　　当两个人走进婚姻之后,对内对外、衣食住行、生儿育女等问题接踵而至。于是,在按部就班的生活和工作中,妻子的眼里再也看不见昔日那百依百顺、常献殷勤的男孩子,而丈夫也见不到曾经体贴入微、温柔多情的爱人了。随着时间的流逝,年华老去,恋人间浪漫的爱情故事逐渐就被实际的生活所取代,没有了新鲜感,没有了当初的激情和热烈,在琐碎平淡中,夫妻之间也渐渐变得冷漠,昔日的爱也变成了冷落。

　　生活中,有很多新婚夫妇,怕被对方同化或试图去同化对方,而无视对方的个性和爱好,导致产生心理上的纠葛与冲突。对丈夫而言,由于组建家庭的目标实现后,会认为妻子是自己的"财产",从而消除与妻子的心理距离。随着婚姻关系的进一步发展,丈夫为了创造新的生活需要,也会因为对妻子的了解加深而产生对妻子的高期望和某些失望感。由于家庭的责任,丈夫会逐渐将对妻子的某些爱转移到日常生活和工作中,从而忽视妻子的某些情感需求。

不可否认，新婚后的妻子会对丈夫产生明显的依赖感，与丈夫相比，妻子更能体会到家庭的温暖，更眷恋丈夫。此时，妻子的角色得到认同、强化，往往更加注重对家庭的责任，并主动承担繁重的家务劳动。而且，妻子的责任感比丈夫要强很多。一般主要体现在妻子对家人的照顾方面。由于女性天生的细心和认真，所以妻子在生活中也会表现出来，她会更热衷于家庭生活，更关心家人。也正因如此，婚后的妻子，容易在社会生活中产生自我封闭的心理倾向。她们有意识地缩小社交范围，减少与异性朋友的交往。

一般来说，婚后，大多数妻子的事业心会有所减弱，对工作、事业的关注会逐步转移到家庭中，甚至是完全放弃事业，一心照顾家庭。但是，她也并非就一直喜欢过这样的生活。随着婚姻关系的深入，大部分妻子会因为繁重的家务劳动而变得很失落，她们开始怀念过去有工作的日子，她们觉得自己与社会、与时代脱节了。更重要的是他们开始担心丈夫会发生什么感情变化，所以，她们开始忧心忡忡。

夫妻心理差异的共性，在日常生活中，可以因人而异，夫妻双方要互相取长补短，以对方之长补己之短，这样才能促进夫妻和睦，减少矛盾。这些心理差异归纳起来有以下几点：

第四章 用心守护

1.在家庭中妻子往往表现出细腻、含蓄、温柔、内向

但是，丈夫与妻子是截然不同的，他们则表现出的是反映强烈、有意志力、刚毅、精力充沛、好冲动，有时暴躁。我们常常看到，当孩子淘气的时候妻子会出面护着孩子，并细声细语地说孩子，而丈夫则粗声大气地训斥孩子。同时，妻子的情感比较细腻，心理活动比较复杂，特别是性格内向的妻子，她遇到了什么问题，心里有什么想法由于不善言表，只能憋在心里，这就更需要丈夫细心观察，加以体贴和开导。

2.妻子的情绪波动比较大，丈夫的情绪较为平稳

也就是说，在家庭中，一般都是妻子的情绪变化比较快，我觉得这与女人的天性有关。她们很容易从一种情绪转变为另一种情绪，遇到高兴的事会喜形于色，遇到不高兴的事会伤心落泪。比如，妻子在外面遇到一件高兴的事，回到家会仍然处于兴奋状态，她会把事情从头到尾说一遍，甚至还会重复好几遍；与妻子相反，丈夫遇到事，无论是高兴的事，还是不高兴的事，回到家会沉住气，不急于诉说。

3.妻子虚荣心比较强，丈夫自尊心比较强

妻子特别愿意别人夸自己的孩子、丈夫，自己的穿着、容貌。而丈夫则有意识或无意识地表现出男子汉的自尊。比如，

丈夫买了一件物品，妻子看了也许觉得不合适，也许认为家里不需要。处理的方法有几种，或者是让丈夫退掉，或者是把丈夫数落一顿，或者是满脸冰霜，或者是夸奖几句留下。处理的方法不同，得到的效果也就不同。妻子应当理解，丈夫买这东西的时候是满心欢喜的，如果回家遇到的是一盆冷水，心里是不好受的。最好的方法是夸奖几句留下，如果不合适可以送人，这样就不会挫伤对方的积极性和自尊心了。

4.妻子比较容易受外界的影响，有时还表现出情绪化，好冲动。而丈夫则表现出较多的主见和冷静，比较理智

比如，女同志在买东西的时候，往往是挑来拣去，或者和同事、朋友商量，老拿不定主意，容易受他人左右。特别是买回一件东西，如果别人说不好，许多女性会感到后悔，会有一段时间心里特别别扭。而丈夫则比较理智，不容易受外界干扰，即使买回伪劣产品也会表现出不后悔、无所谓的样子，最多只是说下次绝对不会犯类似的错误。

5.妻子比较细致，度量狭小，丈夫比较大度

一般来讲，妻子是比较喜欢计较的，这是大多数女性的通病。尤其是在家庭中，妻子用她那双灵巧的手料理全家的生活，不仅细心而且周到。正是由于女性这种细致的心理特点，往往导致心眼狭小，搁不住事。尤其是妻子遇到不顺心的事，

第四章 用心守护

不会马上放下，在一段时间里，一想起来就会唠叨几句，有时还会无缘无故地冲对方发火，搞得对方莫名其妙。由于，无明火的火源不见得来自丈夫，如果丈夫针锋相对结果只会引火烧身。如果真的发生这样的情况，丈夫千万不要针尖对麦芒，处理这个问题的最好办法就是，对于妻子的无明火，丈夫最好采取忍让的态度，并加以开导。等妻子冷静下来，就会好很多。

6.妻子具有较强的持家意识，相反丈夫这一意识则比较淡化

妻子的持家意识主要表现在两个方面，一是亲自操持家务。我们总是看见妻子在家忙个不停，一会儿做饭，一会儿洗衣服，一会儿擦地板。当然，许多丈夫也主动干家务，但是，妻子往往对丈夫干过的活感到不满意，或者不放心。有时对丈夫干过的活挑毛病，或者把丈夫干过的活又重新干一遍，其结果肯定会挫伤丈夫做家务的积极性。丈夫会想，我干了半天最后还落了个不是，以后你就一个人干吧，我不干了。操持家务是夫妻双方的义务，妻子应调动丈夫的积极性，他不会做家务就教他，即使笨手笨脚也不要紧，熟能生巧。此外，在家庭的收入、支出管理上，妻子愿意掌管财政大权，这种现象在农村也很普遍，因为农村多数是丈夫外出打工，妻子在家务农，这样生产、生活都由妻子一人"掌权"。我认为，不论谁当家理

财,在夫妻的共同财产的支配上,最好还是协商处理。

7.妻子对于事物的反应比较敏感,容易产生联想,而丈夫则反应比较迟钝

有的夫妻之间闹矛盾,原因就是丈夫无意中说了一句话,妻子会多心。比如,丈夫说,"你穿这件衣服不好看,穿在小王身上才好看呢!"说者无心,听者却走了心。妻子会因此产生联想,认为丈夫看不上自己了,嫌弃自己了,于是又哭又闹。时间长了丈夫会很反感,因此会想,既然你那么爱多心,以后说话可要小心,长此下去,夫妻之间就会互有戒心、隔阂,感情得不到交流。

在婚姻生活中,如果夫妻双方无视这些变化,就会给美满的婚姻埋下不幸的种子,让爱情停滞不前,甚至淡化、破裂。所以,为了婚姻的和谐、幸福,夫妻双方应在婚前有意识地调整自己的心理状态,增加彼此的沟通,使婚后的新生活可以迅速步入正轨,为以后的美满幸福打下良好的基础。

第四章 用心守护

婚姻需要用心经营

在我的身边，有很多已经结婚的朋友经常跟我抱怨，自己的婚姻是多么不幸福。他们要么认为婚姻委屈了自己，要么认为婚姻总不能达到最完美的程度，其实，他们不知道，越是抱怨和不满，越容易加大彼此间的摩擦，而且这种不满常常会成为生活破裂的前奏。

我们都不是小孩子了，从我们走入社会，开始独立的那天开始，我们就知道，人生自古就没有十分圆满的事，而婚姻更是上天注定的一种有缺憾的生活。有缺憾，是因为结婚后，你就要肩负起家庭的责任，由不得你想做什么就做什么了。婚姻，是一种使命，是神圣的，必须用岁月去沉淀，用爱心去经营，用耐心去磨合，用宽容去维护。你要想得到最完美的婚姻，就不应该去抱怨，也不应该去指责，而是要在岁月长河里，用心去经营、努力去磨合、细心地维护。

那么，我们如何经营和维护自己的婚姻呢？

一个女人非常爱一个男人，但他并不容易接近。在她告白后，这男人大为吃惊，开始和她保持距离了。

女人悲愤交加，灰心丧气，她找到我，说自己想有一个完美的婚姻，组建一个快乐的家庭。我说："你得为那个家庭买一些小东西，以此来显示你的信心。"她照着我的话去做了，虽然这时她梦想中的快乐家庭还一点影子都没有。我说："现在的你需要做的就是完善自己，变得不再忧伤和愤怒。"我将这段话教给了她："我如磐石般镇定，我对一切的愤怒和伤害免疫。"我说："如果你学会了镇定，能对一些愤怒和伤害免疫，这个男人就会回来的，或者会出现一个相似的男人。"过了好几个月，有一天晚上，她来看我，说："现在，我对这个男人只有好感了。如果他不是我的真命天子，失去他，我仍然会快乐。"

不久之后，他们偶然相遇。他向她道歉，承认了自己以前的错误，希望她能够原谅他。一段时间之后，他们成了终身伴侣，拥有了一个快乐的家庭。这就是积极信仰的力量。

当你与一个男人相爱时，当你与他走入神圣的婚姻殿堂

第四章 用心守护

时,当你选择他成为你的丈夫、你今生的归属时,就意味着你已经做好了与他共渡难关的心理准备,用两颗心的结合为他构筑一个永远坚固、永远安全的无忧后盾。你要相信,你们一定会过得幸福。其实有时候,有信仰真的是一件幸福的事情。

作为妻子的你应该知道,丈夫是你甘苦与共的伴侣,更是你同舟共济的伙伴,他的失意需要你去慰藉,他的慌张无措需要你去安抚,他的错误需要你去指正,他的心灵需要你去体贴……

作为男人来说,你应该知道,女人最需要男人给予自己的、最重要的是安全感和归属感,是在行为、语言、态度方面的忠诚,是一种把女人捧在手里怕摔了,含在口里怕溶了的关爱。当她很苦很累的时候,你是她停泊的港湾,是给她安慰的场所。至于女人能否获得这种感觉,虽说与男人事业是否成功有一定关系,但这并不是主要的。只要男人是在为美好生活而勤奋工作着,就应当被视为有家庭责任感,应当得到女人的赞许,那你的付出与努力也会得到女人的关爱。

其实,只要彼此把真爱化作关心对方、理解对方、支持对方、宽容对方,那么婚姻也将升华,小家就会变成爱情的天堂!

当然,我们也应该知道,长时间地接触同一事物容易产生

厌倦情绪，婚姻也是如此。长时间与同一个人生活在一起，如果生活再一成不变，就很容易产生厌倦的情绪，这就是所谓的婚姻厌倦心理。这种心理的产生是有原因的：

第一，孤独感是造成这种厌倦心理的主要原因。

婚姻中的很多原因都会导致婚后孤独感的产生，比如无法和爱人分享生活中的乐趣和感受，就很容易产生这种孤独的感觉，也会让人对婚姻甚至爱情感到极大的失望，从而对婚姻产生厌倦情绪。

第二，如果婚后的单调乏味，也会让人对婚姻产生厌倦的情绪。

婚后的生活很容易以一种固定不变的模式进行，缺少了恋爱时的浪漫与激情，而更多地趋向于平淡，让人感觉无趣、乏味。此时，一旦有别的新鲜的感情介入，比如外遇，就很容易让人神往，并且加重对原有婚姻的不满，出现厌倦的感觉，使婚姻变得风雨飘摇。

第三，婚姻生活的和谐是靠夫妻双方共同努力维持的。

如果在婚姻生活中，夫妻双方长期缺乏情感交流和沟通，成为无话可说的陌路人，就会加剧双方对婚姻的厌倦。结果，两个人渐渐疏远，有了问题也不及时沟通，不能够相互理解，

第四章 用心守护

使双方对对方和婚姻都产生厌倦，最后，婚姻也只能逐渐走向死亡。所以，加强思想沟通和感情交流是夫妻双方保持对婚姻、对对方的兴趣，加强婚姻生命力的好方法。

有一位作家曾经这样写道："也许你有过泪水，但眼泪过后你还是会为他露出迷人的微笑；也许你会与他产生距离，但这距离是因为你要张开双臂去拥抱他；也许你曾经冷漠，但这冷漠背后你其实给予了他更长久的热烈；也许你们的婚姻有过阴霾，但阴霾过后必然是晴朗。因为你那水波般的柔和、阳光般的炽热、同甘共苦的决心、风雨并行的脚步，已经为他摒弃了生活中的烦恼和失意……"

作家的意思，婚姻不只是单纯的恩惠，更不是简单的奉献，它是一种爱情的给予，一种青春的付出，这样，你们的婚姻才是幸福美满的！你与你挚爱的人才会幸福过一生！

人在社会生存，是这个社会的一分子，女人自然也要负起自己的社会责任。这样会让女人更自信，自信的女人最美丽。

首先，女人要有自信，应时刻保持一颗平常心，胜不骄败不馁，不要被什么东西推向极端，不要总想最坏的情况。其实，在我们的实际生活中，幸福的婚姻还是居多数的，因此，我们要对生活充满希望，对自己充满信心。

其次，女人要时刻保持积极乐观的心态，还要有积极思维、正面思维，不要老用那种负面思维干扰自己的生活。以前有一个朋友，她恋爱结婚都是在迷迷糊糊中进行的。婚后，她总是会萌生一些不好的想法，逐渐变得郁郁寡欢，后来去看了心理医生，医生说："你想得太多了，对自己施加了许多无名的压力，过分地把那根本不可能发生的事，也想到你身上，这都是比较负面的思维，自己吓唬自己。什么都不要多想，即使想，也要往好的方面想，生活多么美好，不要总是想那些坏的方面。"

再次，有心、用心的女人一定是最幸福的女人。这样的女人，会懂得预见生活，她们不会对生活期望过高，而且还会在婚前就学会预防婚姻中可能会出现的一些问题，并且想好了应对的方法和策略，我想，这样用心营造的婚姻一定会幸福美满。

第四章　用心守护

读懂婚姻中的平淡

人们常说"婚姻是爱情的坟墓",哪怕爱情再美好,进入婚姻就没了激情和甜蜜,而且还会有很多人会抱怨婚后的生活没有一点趣味,简直就是平淡如水、枯燥无味,只有无尽的烦恼。

我们在恋爱的时候,彼此间充满了浪漫意味和情调,何其美好;可是婚后,每天面对的都是很多剪不断理还乱的家庭琐事,夫妻双方就会觉得失去了恋爱时的甜蜜和成家前的浪漫。以我的经验来看,夫妻之间之所以会产生这种感觉,主要有以下几种原因:

首先,是由于结婚匆忙,缺少必要的心理准备。

恋爱时想结婚,结婚后怀念恋爱时光。这是人之常情。恋爱的时候,两个人可能更多想到的是能长相厮守,不必再分

离，而没有过多地考虑家庭生活中角色的转换和责任的承担，更没有想到生活中更多的琐碎之处。因此，结婚后，激情退去，面对现实的诸多问题，感觉无从适应，认为当初对婚姻生活期望的设定过于遥远，似乎每天就是工作与生活，被琐事所牵绊，再也没有精力和心情去谈情说爱了。

其次，就是没能在婚后做到很快转换自己在生活中的角色。

每个人在一个特定时期都扮演着不同的角色，并承担相应的责任。结婚后的双方分别扮演丈夫和妻子的角色，但这仅是静态的，动态的还在于去满足对方的心理需要，让婚前的浪漫爱情得以延续和升华。有很多夫妻，由于角色一时未能转换，双方不清楚各自的责任和义务，从而产生对婚姻的不适感。

再次，生活方式太单一。

这是一个不容忽视的因素。为什么这么说呢？我们都知道，虽然平淡是婚后的必然现象，但恋爱时生活的丰富多彩与婚后平淡、枯燥的日常生活形成了鲜明的对比，让很多夫妻都觉得难以适应，而且难以释怀。

其实，这就是一个必经的过程，只要忍受了，想通了，自然就可以顺利度过这段时间。一般来说，要想尽快地适应婚姻生活，就要做到以下几点：

第四章　用心守护

首先，要保持好恋爱时的感情。

情侣间基本是互相爱慕、互相尊重，情意绵绵，相处融洽。而婚后，夫妻朝夕相处，如同唇齿，稍有不慎就会发生碰撞、冲突。其实，朋友式的相处是幸福婚姻的主要命脉，它应贯穿着整个婚姻的过程。因此，夫妻之间只有掌握好这种友谊平衡，婚姻的天平才不会倾斜。

其次，夫妻间要打下良好的沟通基础。

妻子也是讲道理的，只是有时候她们会不开心、不快乐，但是这并不代表她们是在无理取闹，可能是因为她找不到理想的听众，缓解不了抑郁的心情。而一些糊涂的丈夫却体会不到这一点，他们时常会对问题本身阐述自己的想法，并为自己的想法做辩解。他们通常认为，只要表现出自己已经进入听的状态，妻子的心里就会觉得比较舒坦。其实并非如此，因为丈夫一旦开始滔滔不绝，就会忘记聆听，这样，会加剧妻子内心的烦躁。

比如，在我们的日常生活中，大多数做丈夫的常常以为妻子埋怨或指责与自己有关，也许她是在生自己的气，因此常会把妻子的抱怨当成责备。其实，丈夫没有意识到妻子需要的只是与自己所爱的人分担懊恼的心情。如果这时候，丈夫可以做

一个热心的倾听者，让妻子把自己的苦恼说出来，一切便会迎刃而解。

　　人与人在一起生活，最重要的就是沟通、理解和信任。如果夫妻双方达成了共识，将有助于良好沟通基础的建立，将成为创造成功两性关系的最佳因素。当丈夫不觉得妻子是在指责自己时，他就会更愿意设身处地地为她着想。如果在他用心聆听后，妻子能适当地表示感谢，那丈夫就会变得更符合她的要求。因为人都渴望被人感激、接纳与信赖，这种感激和信赖也是使丈夫增长自信的法宝，使丈夫能给予妻子最渴望的支持与感激，妻子也能回报丈夫以热爱和接纳，这样的相处模式也会让双方都更乐于付出，使家庭生活更加完美和谐。

　　心理学家指出，男女双方对未来生活的期望要客观、公正、实际，否则，就容易在婚后产生不满，难以适应。一个人对事物发展的满意程度，往往和对事物的期望值成反比，期望值越高，越不容易满意。许多人在婚后感到失望都是由于婚前期望值过高造成的。男女双方应尽量防止对婚后生活的过高期望。

　　正如我在本节开头提到的那样，在现实生活中，不少人抱怨婚后生活的平淡与无聊，其实，并不是因为平淡有什么不好，而是双方的期望与婚前相比有所不同而已。如果我们换一个角度

第四章　用心守护

或者思维来看待平淡的话，那么平淡就是命运的赐福，我们安乐无忧，没有过多的烦恼和磨难，我们生活得真实自然，我们所做的一切都是为了展示人们真实的生活，为了帮助夫妻双方能够一起走过婚姻的风风雨雨，创造更加幸福的生活。

平淡对婚姻有着积极的意义，读懂了生活中的平淡，也就理解了婚姻生活的真谛。

婚姻的守护神

有时候，看着眼前的"婚姻"二字，我自己也会觉得很奇怪，说起来也怪，这两个字，都有个"女"偏旁，是不是造字者觉得这婚姻之事，或者家庭生活幸福与否在很大程度上取决于女性呢？当然，这是调侃式的猜测，不过，仔细琢磨一下，你也会跟我一样，从这个调侃中悟出那么一点儿道理。

从另外一个方面来看，"婚姻"二字，之所以都有个"女"，也是为了说明他们之间是密不可分的，像闺蜜一样，很亲近。你可能觉得我这么说有些离谱，但是回想婚姻生活中的点点滴滴，你会发现，婚姻就是一种非常亲密的关系，它甚至高于一切感情的亲密程度。

很长时间以来，婚姻的亲密关系在我们的生命中占有显而易见的中心位置，但很奇怪的是，它在社会心理学的发展却是历史中一个相对较新的课题，只是在近几十年中，它才发展成

第四章 用心守护

为一个令人兴奋的研究领域。如今，人们才认识到我们与他人的互动和交流是一件非常重要而严肃的事情，但亲密关系有其独特之处。

人类的本性之一就是建立一种强烈而普遍的亲密关系。为了达到这个目的，我们就必须要经常地、愉快地与亲密的伙伴在长期的和充满爱心的关系活动中互动。亲密关系中有种人类的基本的归属需要，如果不能满足人们的这种需要，它就会带来各种各样的问题，影响到人们的生活。

为了满足这种需要，我们需要（不仅是想要）与他人建立和维持亲密的关系，只有与那些我们了解以及和我们有关系的人交流互动才会达到满足。正因如此，我们的婚姻关系也要做到这一点，这样才能保证婚姻和谐。

婚姻是为了更深的友谊和更深的亲密，爱也隐含在里面，所以婚姻是心灵相通的，有很多事情你永远无法单独一个人去发展。哪怕是你自己的成长也需要别人来反映，需要一个非常亲密的人，使你能够对他或她完全敞开……

亲密感的建立要求向对方袒露自己的脆弱之处，也要求得到安全感。敞开心扉虽然使人担惊受怕，但在脆弱的时候得到伴侣的接纳会带给你一种美妙的安全感。许多人常常以为

一旦结婚就自然而然变得亲密的,但有很多成双成对的"陌生人"。

我与许多夫妻有过交流,他们虽然结婚多年,却仍然觉得孤单,甚至觉得没有一个可以说心里话的人,夫妻间有了很深的隔膜。有人大致的意思是这么说的:"我们在同一所房子里住着,在同一张桌上吃饭,在同一张床上睡觉,彼此却形同陌路。我们已经共同生活23年了,而我对配偶的了解还和我们刚结婚时差不多。"还有人说:"真正叫人伤心的是,即使我们共度周末,我还是觉得孤独。我想我的配偶在某种程度上更喜欢一个人生活。"

听了这些,我为女人感到悲哀,但我却爱莫能助。我想说的是,但愿每个女人都不要属于这种"亲密的陌生人",那将是一种莫大的不幸。

其实,维持婚姻的这种亲密关系也是有一定的方法的。首先我们要知道,亲密感不是自发产生的,要靠交流来创造和维持,我们只有通过交流才能互相了解。其次,保持亲密,就需要克服我们在生活中遇到的多种多样的障碍,道路平坦了,我们才能走得顺畅,彼此间的亲密关系才能很好地建立起来。

当然,有一点需要引起我们的注意,根据心理学家的研究

和分析，夫妻间的亲密关系的质量会影响到我们的心理健康。例如，婚姻幸福的夫妻比婚姻不幸福的夫妻心理更健康，社会需要未得以满足的人将出现一系列心理上的问题，例如，压抑、酗酒、暴食或厌食以及精神分裂，等等。

此外，夫妻之间缺少亲密关系还会使上述那些问题变得更加复杂和糟糕，要想解决就会更加费时费事。当然，我们还是有解决的办法的，因为在通常情况下，当人的归属感得到满足的时候，我们就会觉得自己是幸福的。所以，我们可以先为自己打造一种绝无仅有的归属感，这样，再大的问题也都不是问题了，即使出现问题，也很快就会找到解决的办法。

我觉得婚姻的亲密关系之所以变淡了，与人们的观念也有很大的关系。如果回到20世纪60年代，大多数美国人可能在二十出头的年龄就已经成家了。他们很可能没有在婚前同居或试婚，婚前生育更是天方夜谭，60年代出生的儿童中有95%来自已婚的父母。一旦成家后，大多数的母亲都不再工作。孩子读书前，她也许从早到晚在家里抚养自己的孩子。他们的孩子在成长过程中，会每天晚上与父母一起共享天伦之乐。可是，现在的情况则大不相同了。过去几十年里，影响我们的亲密关系发展的社会文化环境发生了很大的变化。主要体现在以下方

面。

1.结婚成家的人越来越少

几乎所有生活在20世纪60年代的人（94%以上）结过婚，但随着时代的变化和发展，如今很多人选择不结婚，尤其是在欧美等国。人口专家预测如今只有大约85%的年轻人最终会结婚。

根据相关数据统计分析，如今，女性初婚的平均年龄是25岁，男性27岁。超过1/3的美国人在30多岁的时候仍旧未婚，多数非洲裔美国人在他们34岁的时候还是未婚状态。要么是单身状态，要么是婚前同居状态。

2.未婚同居的现象已经非常普遍

现在，无论是老人还是年轻人，对待未婚同居的行为和现象已经见怪不怪了，不是他们不在意了，而是他们见过了太多，已经麻木。我们可以看看周围的人，有至少一半以上的人会在婚前同居。事实上，如今有1/3的美国家庭是由未婚而同居的男女所组成的。

3.女人们常常会未婚先孕

在20世纪60年代，未婚先孕也许还是一件不同寻常的事情——当年在美国出生的婴儿中只有5%是未婚母亲生育的。那时如果孩子是在婚前怀上的，其父母会很快决定在孩子出生前

第四章 用心守护

结婚。但是如今，时过境迁，物是人非，状况大大不一样了，在美国，有1/3的婴儿是由未婚母亲生育的。

4. 如今有半数的婚姻会以离婚结束

已婚夫妇的离婚率在20世纪60年代到80年代持续上升。离婚率在80年代初期达到顶点。

5. 大多数儿童，甚至一半以上的儿童，在其童年时代是生活在一个单亲家庭里。

由于离婚率和未婚先孕率如此之高，现在的孩子已不可能在其青年时代的所有时间内都与其父母同时生活在一起。大约28%的美国儿童只与父母中的一位共同生活。相比之下，中国家庭会好一些。

6. 大多数学龄前孩子的母亲在外工作

20世纪60年代，在美国，超过75%的母亲在孩子不能上学前在家带孩子，如今的比率已低于40%。即使父母同时与孩子生活在一起，父母中的任何一方都不可能全职带孩子。父母都要工作，就没有时间照顾孩子，只能把孩子送到幼儿园，或者交给自己的父母亲看管，这使得父母和孩子之间的关系也变得疏远了。

以上这些变化表明，关于婚姻和养育后代的有些观念已经发生了很大的变化。以前，人们会在大学毕业之后就选择结

婚，即使婚姻并不是非常幸福，大家也都期待着可以白头偕老，相守一生。而且，在人们的观念中，怀孕的年轻人必须结婚，未婚同居被人们认为是"羞耻之举"。

然而，回到现代，一切都变了，旧时代的影子和烙印已经不见了，对于现代人来说，婚姻只是一种选择，即使是有孩子，越来越多的人还是愿意推迟或永远不结婚。如果人们决定结婚，也是受了传统的家庭观念影响，为了延续香火，传宗接代，他们也不再将其看作神圣的终生承诺。

面对这些新的变化，我们不需要去适应，因为我们就是跟着这些变化一步步走到今天的，但是我们应该重视婚姻，它不是儿戏，我们要对自己负责，对孩子负责，对我们的父母负责，对这个社会负责。我们的行为不仅仅是一种个人行为，它也是一种影响到时代的行为。

因此，我们必须用心经营婚姻，保持婚姻的亲密关系，无论发生什么变化，我们始终都要做好婚姻的守护神。

第四章　用心守护

营造婚姻的浪漫

　　夫妻双方是对方的精神及情感支柱，经常赞美爱人，让他感觉到他在你心目中的重要性和你对他的爱意，激起他要更加爱你、使你更幸福的心理和愿望，维持夫妻默契，使双方精神上获得和谐。

　　婚姻生活中，要把对方放在生活中最重要的位置上，懂得尊重对方，是保持生活平衡稳固，避免产生婚姻厌倦心理的重要因素。这就要求夫妻双方在做任何事情时，都应先考虑对方的需求，并时时考虑对方的感受。同时，多和爱人进行情感交流、沟通，了解对方的想法和需要，并尽量满足对方，这无疑是维持婚姻和谐的好方法。

　　在生活中，我们都深有体会，单调乏味的生活谁也不愿意过，因此，婚姻之中多给对方一些意外和惊喜，让夫妻的生活丰富多彩，是保持婚姻生活新鲜和有趣的重要手段。

另外，夫妻双方还可以经常地通过一些只属于你们自己的节日，如结婚纪念、生日纪念、相遇纪念等，多培养一些共同的兴趣爱好，一起学习，一起切磋，一起进步，还可以出去旅游、野餐，或者是重复恋爱时的一些做法，这些都可以帮助夫妻回忆起过去幸福美好的时光，找回恋爱的感觉。

生活是向前的，夫妻双方难免在相处的过程中于思想和精神追求上拉开差距，因此对夫妻双方来说，共同提高是十分必要的。因为，夫妻应该是和谐的统一体，不要总是一方在提高，而另一方却停滞不前，这样很容易使两个人的差异扩大化，使矛盾增多，互相厌倦，使婚姻生活变得不和谐。

记得以前看到过这样一段话，谈到婚姻，男人说："幸福的婚姻有一个共同点，妻子都特别'好'。"女人不同意："男人在干吗？"男人又说："好男人是靠培养的，所以有'好女人是一所学校'这句话。"

的确，因为女人聪明，女人心细，女人在家庭中占的分量更重，婚姻便成了一支以女人为主的交谊舞，舞跳得好不好，很大程度上取决于女人怎么带。既然女人在婚姻中的作用如此之大，那么，作为一个女人，怎样才能做一个好妻子呢？只需要做到以下十点即可：

1.公开赞扬

聪明的妻子在公开场合总是赞美自己丈夫的优点,尽管在枕边她严厉地指责过丈夫的错误;愚蠢的妻子,总是在公开场合揭丈夫的短处,尽管在枕边她对自己的丈夫也很满意。

2.善于比较

聪明的妻子总是拿自己丈夫的长处与别的男人比。越比越欣慰,越比越幸福,越比越爱自己的丈夫;愚蠢的妻子总是拿自己丈夫的短处与别的男人比,越比越失望,越比越烦恼,越比越瞧不起自己的丈夫。

3.使家庭充满乐趣

聪明的妻子发现丈夫不高兴时,会想方设法使他高兴起来,使家庭始终充满乐趣;愚蠢的妻子明明知道丈夫烦恼、苦闷也不予理睬,自己该干什么照样,不受影响。

4.慎重批评

聪明的妻子批评丈夫总是持谨慎态度,她常常在丈夫思想压力最小的时候,说出自己的批评意见。因为她深知,在这个时候批评丈夫效果最好;愚蠢的妻子常常不管三七二十一,一经发现丈夫的错处,当即训斥、责骂,搞得丈夫非常尴尬。

5.及时提醒

聪明的妻子看准时机提醒丈夫疏忽了的大事,力争不使丈夫出现麻烦。因为她清楚丈夫一旦被动,自己脸上也无光;愚蠢的妻子总是喋喋不休地挑剔丈夫的小毛病,使丈夫常常为一些小事而劳心费神,无暇顾及重要的事情。

6.让丈夫在舒适的环境中生活

聪明的妻子总是把家庭搞得非常整洁,让丈夫始终能在舒适的环境中生活。因为她知道家是抵御外界干扰的屏障;愚蠢的妻子,虽然有条件也不注重家庭卫生,常常让家里凌乱不堪,让丈夫一见就皱眉。

7.鼎力相助

聪明的妻子把丈夫的事业,视为自己的事业,鼎力相助。因为她知道,山水相依,山有多高水就有多高;愚蠢的妻子让丈夫围在自己身边转,而不支持他献身事业。她要求水有多高,山也只能有多高。

8.给丈夫以美的享受

聪明的妻子无论在家还是在外,都非常注重自身的衣着打扮和体态仪表,给丈夫以美的享受;愚蠢的妻子,在家里时常常不修边幅,尽管外出时也打扮一下自己。

第四章　用心守护

9.及时分忧

聪明的妻子从来不做家庭将军，当丈夫的事业不顺利或经济拮据时，总是安慰他，为他分忧解愁；愚蠢的妻子把与丈夫的关系建立在金钱、地位上，稍不如意就骂丈夫"窝囊废"，搞得丈夫抬不起头来。

10.使丈夫享受天伦之乐

聪明的妻子能够帮助丈夫做一个好爸爸，使丈夫和孩子共享天伦之乐；愚蠢的妻子让丈夫在孩子面前总是唱"黑脸"，使丈夫成为惩罚孩子的唯一代理人，破坏了孩子与爸爸的感情。

所以，如果你要想维持爱情和婚姻的稳定，不在于惊天动地地付出，而在于平淡的日子中保持一份坦诚，一份宁静，一份彻悟，让阳光普照平淡的婚姻，为生活营造幸福和浪漫。

婚姻需要忠诚

在现代社会，男人出轨已经屡见不鲜，由此，也引出了天下最大的爱情谎话之一，叫作"我会摆脱她，回到你身旁，我只求你给我一点时间"。于是他用了一年、两年……"尽力"去摆脱这个第三者，但结果是徒劳无功，三角关系越来越纠缠。第三者不但没有消失，她更可能怀了他的孩子，和他联名买房并经营生意，甚至在某些场合以他的太太自居。

很多时候，我们都会觉得男人征服女人的无敌利器就是金钱、权力等，事实并不是如人们想象的那样，物质上的那些东西只能买来女人的身体，而且还不是所有的女人都会卖给你。男人要想获得女人的芳心，并且让女人死心塌地地跟你走，一直走进婚姻，走完一生的秘密武器只有一个，那就是，忠诚。

在电视剧《AA制生活》中，男主人公韩心和妻子何琪因为生活中的一些小小的矛盾和不愉快，彼此间闹得异常冷淡。

第四章 用心守护

这时候,韩心的昔日好友出现了,她主动投怀送抱,还帮助韩心解决了很多工作上的麻烦,不知不觉,韩心就被她的热情感动,虽然并没有发生什么难以挽回的事情,但是他觉得自己已经背叛了妻子何琪,可他并没有跟妻子坦白。当何琪无意间知道他们之间的关系后,他们开始闹离婚了。

当然,电视剧终归是电视剧,他们最后把问题都说清楚了,又重新走到了一起。在这里我们想说的是,其实生活中有很多故事跟剧中的如出一辙。如果你作为一个已婚男人,被第三者牵绊住,又甩不掉,于是便开始了传统的玩弄感情,养"小老婆"以求满足个人英雄感,把多余的情感胡乱投资、始乱终弃的话,你会配得上自私自利、卑鄙无耻的"美"誉。虽然你清楚自己的方向目标,但你却是一个不择手段、损人利己的感情骗子。

如果你一直这样坚持下去,那么就算你是在欺骗你的妻子,以甜言蜜语来哄着她,令她不再啰啰唆唆的话,你也许以为自己已经竭尽全力来保住婚姻,令她安心,令她相信你永远不会抛弃她。可是,这种等待好比无期徒刑,是叫她终日活在多疑多虑中,是一个典型的"爱你变作害你",保护她、哄骗她,却令她情绪更波动不稳的例子。

然而，知道吗，在这三个人之中，最可恨、最可悲又最可怜的人就是你自己。你虽然满足了自己的私欲，但是你却欺骗了自己。你纠缠于三角关系之中，并不是为了不让任何一方伤心欲绝，而是你自己犹豫不决，虽欲保存两方各自可以供给你的幸福快乐，可以完成自己那"齐人之福"的理想，但却偏偏不能应付两方的要求和希望，不能成功制造出你梦寐以求、和平共存的三角关系。你的想法很好，但是想要实现很难，因为那是自私的，是无耻的。

于是，你开始逃避现实，采取拖延政策，希望在这未来的日子中，身旁这两个女人会有一个自动退出、自动消失。可笑的是，你越拖越犹豫，她们便越难感到心死而舍弃你！因为你不知道，在美满的婚姻中，忠诚从来都是被放在第一位的。一个健康的爱情和婚姻关系可以增强一个人的自尊心，让对方感觉到活得更有价值。正如一则广告中一位丰韵的少妇，手中拿着某种品牌的饮料，眼波流转地说了一句一语双关的话："分享，想都别想。"忠诚可靠，感情不与妻子之外的女人分享的男人是婚姻中最具魅力的男人。

忠诚，就是要男女双方的感情一心一意。感情上的忠诚才是真实的忠诚，"人心换人心，四两拨千斤"，一方的忠诚，换来的是另一方的死心塌地。承诺是相互的，从来都不会有单方面的忠诚。

爱情使你觉得自己有无人可比的独特性，虽然你有优点也有缺点，但是你的独特性使你受到无比的尊重，生命因此而有了价值。而在婚姻中的男女感情，是绝对的私人物品，如何保持婚姻的持久美丽，男人要做的第一件事便是为女人建造一座忠诚可靠的"城堡"。

要做到真正的忠诚，就要做好以下几方面：

首先，在经济上要忠诚。

既然夫妻是经济共同体，其内部经营情况必须要公开透明。女人也希望明白自己另一半的经济收入情况，这不等同于"查账"，这仅是夫妻之间开诚布公的一个重要方面。如果丈夫偷偷地留起一部分"私房钱"，那么惹得妻子猜疑和不安是必然的。

其次，在语言上要忠诚。

"言为心声"，语言是表达爱意及夫妻之间相互沟通的重要工具。不忠诚的语言如果被另一半发现，第一反应就是："你为什么要骗我，如果不是做了对不起我的事情，你为什么要说谎？"作为丈夫或妻子，必须在语言上掌握分寸，真实是最能打动爱人心的话。

最后，在行为上要忠诚。

在日新月异的今天，婚姻出现变化的概率也大大地增加了。好伴侣首先要做的就是把握住自己的行为，不能让行为出现出轨的迹象。行为的出轨是导致爱人与你离心离婚的直接原因。

一个小伙从北部边陲小城考到了省城的大学里，他告别了养育自己的故乡和青梅竹马的恋人，来到了陌生的城市，开始了四年的学习。在大学里，小伙子对很多女孩心动过，可是，他没有忘记对家乡女孩的一句承诺。四年里，两个人一直通信，靠信件联络感情，女孩的关怀备至、男孩的体贴周到，这些都成了他们后来美满婚姻生活的积淀。小伙子毕业后，娶女孩为妻，他们直到今天还留着彼此的信。

这是一个真实的故事，它真的就实实在在地发生在我们的身边。所以当看到这对50岁的夫妇的故事时，我的心里涌出一种莫名的感动，时间证明了一切，即使岁月催人老，真爱却不会因时间或空间的改变而改变。所以我们应该相信美好的爱情，因为这样的话，会感觉比较幸福。

我想对这对老夫妻说："爱的海洋是宽广的，然而爱情之舟只能搭乘一对恋人。婚姻是契约、形式、围城，吸引男女走

第四章　用心守护

进婚姻的是其中的内涵,在美满的婚姻中,忠诚从来都是被放在第一位的,而你们做到了。"

人们常说,幸福的婚姻都是一样的,而不幸福的婚姻却各有各的不幸。如果婚姻失去忠诚,将是婚姻中最大的不幸。

杜少勇是军校的高才生,李若曦是学校的校花,他们是中学的同班同学,考上的高校也在同一城市。

他们顺理成章地恋爱了,并在一个春花烂漫的季节结了婚。婚后的日子像山涧的小溪一样平缓而清澈,然而在第七个年头却溅起了浪花。

已升为营长的杜少勇接到了换防山区的调令,军令如山,三天以后他就带着李若曦和6岁的女儿来到简陋的营区。山区里条件艰苦,没有学校、没有商场,李若曦开始抱怨:"咱们吃苦不要紧,耽误了孩子怎么办!"

杜少勇并没将李若曦的抱怨放在心里,他是一个敬业的人,他的烦恼源于他的工作。士兵的生活不仅孤寂,而且复员转业时又没有一技之长,像样的单位都不愿接受,每年的复转期都是干部的挠头期。这一年,又到了士兵的复转期,杜少勇为了一个因伤立功的士兵落实转业单位,不得不多次去找一家

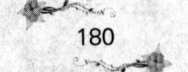

公司的女经理。

最后在杜少勇的努力下，士兵的转业问题终于落实了，可他的婚姻也开始触礁了。那位接收伤兵的女经理找到李若曦，说杜少勇已经是她的人了。不管杜少勇愿意不愿意，他们的婚姻还是解体了。

有时候，爱情没有死亡，感情依然浓烈，可是，只因为不忠诚，爱人就会不顾一切地选择离开。也许这是对这个故事最好的诠释，但是我想，这更应该警醒我们，让我们都努力做一个忠诚的人。

对于男人而言，忠诚是奢侈的，但是，一个真正做到了忠诚的男人一定会是一个拥有幸福生活的人，因为他抓住了婚姻长久的那根线。对于婚姻而言，忠诚是最宝贵的、最无价的。对女人而言，忠诚可靠的男人就是敢于担负起婚姻责任的男人。这种男人，是婚姻中女性的理想伴侣。当然，女人也需要忠诚，但是我觉得这句话更应该被男人谨记在心。当你拥有足够的钱和权的时候，请守护好你的忠诚和你的婚姻。

第四章　用心守护

精心照料婚姻

当有人向杰克请教如何栽培兰花的经验的时候,杰克说:"这并不神秘,你必须精心地照料它。否则,它会死亡。"

其实,花和人一样,婚姻的实质就是一些这样的义务。我记得有人曾说过,"婚姻,就是两个人永远生活在一起的许诺。两个人的生活并不会总是快快乐乐的,这就是这个义务为什么重要的关键所在。"

照料婚姻,这是一个比较新鲜的词。对于这个义务,夫妻之间可以用不同的方式做出规定。

加利福尼亚州的一位妇女S.皮尔,在她30岁的时候,反复考虑这个问题,她说:"我和乔尔为我们的新家种植花木的时候,我注视着汗流浃背的乔尔,心想,我们将怎样创造我们永远分享的东西,这个花园就是我们承担义务的象征。正像它永远生长一样,我们的爱情也将永远生长!"

我在前面多次说过,两个人相处久了就会产生"审美疲

劳"和"另类生活疲劳"。

这里所谓的"审美疲劳",那就是和爱人相处久了,眼前的他或她,在自己的眼里不再潇洒或漂亮,其中的原因,一方面,因为人老色衰的缘故,另一方面,在彼此的眼里,对方已经失去了新鲜感。

所谓的"另类生活疲劳",那就是夫妻之间的情爱已经成了家常便饭,夫妻间亲昵的举动不再有激情,心中的那份爱情已经和性分离开来,从而使得夫妻生活显得枯燥乏味。

其实,这是一个人生理和心理自然的反应,是一种比较正常的现象。换句话说,夫妻间在一起生活久了,失去在婚姻初始时所饱含的激情,这是自然的事,然而,失去激情的婚姻并不等于就是失败的婚姻,这是两种意义。你要知道,婚姻的关键,就是看你如何去经营。在婚姻的激情渐渐消退的时候,如果两个人知道如何及时地给婚姻一些激情补给,那么,婚姻就会永远充满激情。

从另外一个角度来看这个问题,在平淡的流年里,再亲密和谐的两个人都不抵得住时间的考验,不管他们如何下决心去长相厮守,也都会因为时间而使这种激情慢慢褪色,所以,要想保持实现彼此的诺言,夫妻双方就要及时给婚姻做补给,这

第四章　用心守护

样才会过上有滋味的婚姻生活。

为了避免上述的两种"疲劳",有人说,"小别胜似新婚""距离产生美",从生理和心理的角度说,适当的分离,不仅能给人在生理上有一个恢复,而且在感情上也会因为分别而思念,这些都是点燃婚姻激情的元素。从心理学的角度来看,婚姻是要考虑双方的空间距离的。距离太近,原来的吸引力会变成排斥力;距离太远,原来的吸引力就会失去"吸引"作用。

其实,这样做有很大的冒险性。只要我们知道产生"审美疲劳"和"另类生活疲劳"的"祸根",就可以摆脱这种阴影的纠缠。祸根是什么呢?往往就是夫妻间要"长相厮守"。

不可否认,永不分离是婚姻不可打破的定律,但是有人却把爱情中"永不分离"的誓言发挥到极致,他们在婚后总去追求"形影不离",好像这才是"长相厮守""永不分离",这才能体现出他们婚姻的完美。其实,婚姻中"长相厮守"和"永不分离",那是两个人一生的承诺,它不局限于一时,婚姻中适当的分离,往往更有利于一生的"长相厮守"和"永不分离",因为这能给婚姻带来激情。

在心理学上,有一个著名的"刺猬效应",也称为"距离

效应"。指人际交往中应保持恰当的距离,既能保留彼此之间的美好印象,又能避免因为走得太近而带来伤害。一位生物学家为了研究刺猬的习性,曾经做过这样一个实验:把十几只刺猬放到户外的空地上。这些刺猬被冻得瑟瑟发抖,为了取暖,它们只好紧紧地靠在一起。相互靠拢后,刺猬身上的长刺又让彼此不堪忍受,很快又各自分开了。挨得太近,身上会被刺痛;离得太远,又冻得难受。没过多久,刺猬为了抗寒又逐渐靠拢。经过多次的摸索,它们逐渐找到了个适中的距离,既可以相互取暖,又不至于被彼此刺伤。

从上面的故事我们可以发现,人们通常希望夫妻之间能够如胶似漆,亲密无间,是不现实的。即使找到了这个距离点,也需要经过长久的磨合,经年累月的积累,而很多故事告诉我们,当你找到这个点的时候,也许就是你们垂垂老矣的时候。

一个女孩问她的母亲:"在婚姻里,我应该怎样把握爱情呢?"母亲没说什么,只是找来一把沙,递到女儿面前,女儿看见那捧沙在母亲的手里,没有一点流失,接着母亲开始用力将双手握紧,沙子纷纷从她的指缝间泻落,握得越紧,落得越多,待母亲再把手张开,沙子已所剩无几。看了母亲的举动,

第四章　用心守护

女孩终于领悟地点点头。

这个故事告诉我们，婚姻中的男女，彼此也都应该是一个独立的个体，应拥有自由的私人空间，拥有自己的朋友、自己的爱好、自己的事业等。不想因过分在乎、依赖对方，而失去自我。不要试图去主宰什么，因为这世上没有任何一个人愿意成为他人的傀儡。爱情和婚姻也需要一定的自由，只有这样，两个人的感情才能更长久、美满、幸福。

爱情就像手中的沙，抓得越紧，流失得越快。要想使爱情保鲜，不但要去抓，还要学会放，只有把它放在一个合适的空间里，精心照料它、呵护它，它才会觉得舒服，才会安逸于此。

第五章

给婚姻一点儿空间

第五章 给婚姻一点儿空间

婚姻需要空间

曾经，有一个朋友问我这样一道题：一辆装满货物的大卡车要通过一个桥洞，因货物高出桥洞几厘米而无法通过。请问，在不卸货的情况下，怎样才能使卡车顺利通过桥洞？

我想了一下说："给汽车轮胎放点气，让车矮下几厘米，不就可以通过了吗？"

婚姻也是如此，如果你总是希望得到更多，你对婚姻的标准过高，那么你将很难经营好婚姻。所以，为了让婚姻这辆车能顺利通过，也要学着给自己放点气。

其实，婚姻就像一辆车，负载着我们生活的希望。在这辆车负重前行时，我们要学会充气，让婚姻顺利前行。在遭遇生活的"桥洞"时，我们要学会给自己放气，学会示弱、退让、宽容和尊重，让婚姻能够通过各种生活的障碍。

当我们的婚姻从激情的云端跌落回脚下的大地时，我们被

爱的需求还存在，该如何去继续我们的爱情，维系我们的婚姻呢？

没错，就是你心底的答案：用爱！学会去爱，学会去感受爱，在付出爱的同时激励伴侣回馈爱！试想，如果我们的婚姻充满爱与被爱，那将是一座何等坚固的城池。下面，我为大家介绍几种可以帮助夫妻之间增进感情的方法，希望大家都能够从中受益。

1. 把赞美与肯定说出口

"良言一句三冬暖，恶语伤人六月寒。"婚姻中的两个人，就算再和谐，但如果一方总是对另一方恶语相向、贬损挖苦，爱就只会渐行渐远，婚姻及婚姻中的两个人也只会渐行渐远。相反，如果能常常得到对方的肯定与欣赏，我们只会备觉甜蜜，婚姻自然随着时间的推移而弥坚。所以，请学会向爱人表达爱吧，爱，需要说出口。

2. 用行动去关爱对方

关爱，就是关心与爱护，是你生病时爱人温暖的抚摸，是你疲惫时爱人递上的热茶，是你寒冷时爱人悄然送上的手套。关爱，需要我们，尤其是女人一定程度上无私，甚至带些服务色彩的付出，比如为繁忙的老公整理公文包、清洗脏衣物、购

第五章 给婚姻一点儿空间

置必需品。这并非意味着一方就低人一等。婚姻中讲求"相互扶持",这不正包含了在必要时帮对方一把的意思吗?更何况,婚姻本身就需要双方无私的付出。特别提醒做老公的,在妻子需要你相助时一定要积极出手,一个不帮妻子做事(包括做家务、给老婆买礼物)的老公迟早会让爱人感觉受不了。

3.身体的接触

许多男人都认为"身体的接触"是性。不可否认,这是幸福的婚姻不可或缺的成分,也是当初激情的原动力,但这并不是全部。女人的内心渴望被爱,也渴望爱人在生活中不经意的轻抚,渴望爱人在我们得意或失意时真诚的拥抱与抚慰。

4.爱屋及乌,善待他(她)的家人

如果你们彼此相爱,请善待彼此的家人。记得曾有人说过,否定、轻视对方的家人就是否定、轻视爱人的过去,此话虽然说得有些绝对,但却不无道理。一个善于爱的人必会精心爱护爱人的一切,包括他(她)的家人。

5.多一分宽容,少几分计较

毋庸置疑,我们的心中渴望被爱,渴望宽容,但是,我们却常常因一些鸡毛蒜皮的事而计较甚至争吵,结果我们不但没有感觉到爱与宽容,反而体会到了忽视与伤害。例如,为什么

总往沙发上扔衣服？凭什么总是我拖地洗碗？这些鸡零狗碎的事往往能引爆我们的情绪，引起家庭的战火，日积月累，不但会消磨我们爱的能力，更会使曾经相爱的两人视如陌路，分道扬镳。所以，请学会宽容，学会沟通，学会如何委婉表达自己的情绪，而不是讥讽、计较与争吵。努力去宽容生活中这些鸡零狗碎的事吧。宽容我们的爱人，也等于宽容了自己。

你这样做了，也许你的朋友和家人会认为你太傻，其实"傻"人才是最多福的，尤其是在婚姻生活中，这点体现得更加明显。

不知道你是否已经发觉，在生活中，我们经常可以看到一种有意思的现象：一些聪明绝顶、过目不忘的人，往往体弱多病、心情抑郁，而另一些马马虎虎、遇事即忘的人却是笑口常开，身体健康，即为"傻人多福"。

傻人懒得跟人计较利益得失，些许鸡毛蒜皮之事不足挂齿，在聪明人眼里自然是傻乎乎的。

傻人一天到晚可以笑容满面，正因如此，也容易被人斥为"没脑子"。其实从医学的角度讲，健忘在人的思维中占有重要的位置，健忘可以减轻大脑的负担，降低脑细胞的消耗。从心理学的角度讲，遗忘可以让人忘掉过去的伤心和痛苦，保持心情舒畅。从这个角度来看，傻人的幸福指数才是最高的。

有时候，也许你想象不到，生活的智慧竟然可以这样简单，其实，这就是婚姻，这就是生活，不要将其复杂化，也不要将其抽象化，这就是实实在在的生活，其实它并不需要你多精明、多能干，它只要你"傻"一点儿，你就会收获莫大的幸福。

保留相对独立的空间

夫妻虽天天在一起，看似没有相对独立的空间，但是可以将生活分区，以保证各自有相对独立的空间。

在很多夫妻之间，都曾发生过这样的事情：

丈夫："求求你别这样大声，行不行？"

妻子："我不大声行吗？你根本就没在听我说，一个字也没听进去！"

这样的对话虽然会发生在许多夫妻之间，却不是每对夫妻都明白的。

倾听是维系婚姻的重要力量，往往在上面的对话过后，伴随的是更加激烈的争吵，双方谁也不听对方在说什么，只顾批评和辱骂对方。其实丈夫的意思可能是："我在听着呢，请你小声一点儿。妻子的意思可能是："你只要表现出在听我说，我就会小声了。"

第五章　给婚姻一点儿空间

争吵的爆发是双方都置对方的和解意图于不顾。被抱怨的一方急于自我防卫，把对方的抱怨视为攻击，要么充耳不闻，要么立刻驳斥。其实，许多最终离婚的夫妻都是被怒火冲昏了头，一味在争论的问题上纠缠不清，根本不考虑对方话语中的和解意图，不将抱怨理解为一种谋求改变的呼唤。

在争吵中仍能保持冷静的人是不多的，大多数人在几句争吵后就昏了头。但根据我的婚姻经验，我觉得还是应该保持一定的反思能力，这可以使夫妻双方冷静下来之后，站在对方的角度考虑一下问题，看自己的做法是不是错的，很多时候，这种自我检讨可以挽救婚姻。

另外，更深层次地讲，在情绪冲突中保持反思能力是一种较高的修养，它能帮助你修正你从配偶那里得到的信息，不把自己的认知强加到对方之上，而是将敌意或负面的成分过滤掉，如去掉侮辱、轻蔑、过分的批评等，对对方的信息有一个正确的理解。

通常，夫妇一方过头的情绪表现的目的在于引起配偶对自己感受的注意，明白了这一点，就不会对情绪之激烈大惊小怪了。假如妻子说："你等我讲完再打岔好不好？"这样你不会因她的盛气凌人怒上加怒，而会耐心地听她把话讲完。

在情绪冲突中，保持反思力的最高境界是同理心，也就是彼此都能明白对方的话语背后的真实含义。而要达到同理心并非一件容易的事情，首先必须理解对方的感受，而自己必然是冷静和克制的，否则同理心只会变成曲解，其次还要保持冷静，一旦失去了冷静，过于狂躁和冲动，同理心也就无从说起了。

我想大家都有过这样的经历：当我们自己的感受强烈希望别人能够理解的时刻，我们是很难心平气和地理解他人的感受的。倾听使我们自身得到安宁，也使对方因我们的安宁而变得安宁，而这种无言的传达使者其实就是情绪。

据我所知，"反射法"是婚姻治疗中一种常见的倾听技巧，它的具体技巧是：当一方抱怨时，另一方用自己的话重复一遍，不但要表现抱怨的内容，还要传达抱怨的情绪。

如果对方一次表达不出真实的感受，那就再来一遍，此方法看上去挺简单，真正做起来却不容易。这样做的好处是不但能使我们理解对方话语所包含的情绪内容，而且能使双方产生真正的情感交流，简单的重复，就使即将爆发的情感冲突湮灭于无形，防止了新一轮情绪崩溃的发生。

另外，还有一点需要引起注意的是，同理心的保持必然使我们将对事的抱怨转变为对人的攻击。海姆·季诺认为最佳的

第五章 给婚姻一点儿空间

抱怨模式是XYZ：因为你的X行为，让我产生了Y感受，我希望你能改正Z行为。

举例来说，你和我有约在先，可你临时有事，导致约会迟到，但是你没有事先告诉我你约会会迟到，我为此感到愤怒，觉得自己没有被尊重，最起码你应该提前打个电话告诉我一下。当然，如果轻声细语地说这件事情也比较好解决，因为毕竟是夫妻，没有什么过不去的。但是在现实生活中，许多夫妻脱口而出的很可能是："你这个只顾自己从不为别人考虑的混账东西！"如此一来，彼此都觉得自己是最委屈的人，心中原本就要爆发的情绪怒火就这样被点燃了。

在婚姻中，只有彼此尊重与爱才能化解敌意，坦诚的沟通应该避免所有恐吓、威胁、侮辱等字眼，或是各种不恰当的自我防卫，找借口、推卸责任、反唇相讥等。

在争吵中，能够从别人的观点来观察问题是很有必要的，这样，即使最后不能达成一致，也不至于形成激烈的情绪冲突。即使情绪一时无法缓和，你也要告诉对方，自己在倾听对方的谈话，懂得对方说话的意义。

人在自我感受到了伤害的情况下，第一个反应是原先最早的反应模式，所以懂得了以上的道理，在吵架时也未必能马上

派上用场。作为一个习惯的反应模式，它必须在吵架的情境中不断地练习，才能在情绪冲突起来时自觉地加以应用。无疑，做到了这一点，说明你的情商已经足够可以维系一段较为稳定的婚姻生活了。

如果条件允许的话，夫妻双方可以设置各自的书房和会客厅，共同使用的书房也可以划分出夫妻二人各自的工作区。夫妻相互尊重对方的爱好，尽量满足对方的心理需要并提供一切方便，彼此互不干扰，互相尊重。很多时候，相敬如宾其实也是一种婚姻的技巧。

在生活区，同样需要既保持亲密的交流，又注重各自的生活特点，如两张床、两间卧室、双卫生间、两个抽屉、两个衣柜等，既便于各自打理，又节省各自的时间，体现朋友关系型的生活独立性。允许对方社交自由，对方外出，体贴关照不跟随；对方来客，热情接待不掺和。

毕竟夫妻一起相处的时间长了，难免有摩擦，以下几点可教你避免摩擦，有时候时间的把握也是避免摩擦的一个有效手段。

1.提意见的最佳时间：早晨上班前5分钟

小两口起床后的短暂交流，是为了一天更好地生活和工

作。你对他有意见,在这5分钟提出来最好。虽然对方难免会有心情不快,但各自很快就要出门上班了,这样既可避免不必要的冲突,而且分手后对方还有一个独自冷静思考的时间。

2.表现幽默的最佳时间:下班进门后5分钟

工作一天之后,双方都很疲惫,有时也难免心情不好。夫妻回家相遇后的最初5分钟,该是"营造气氛"的时候,幽默的调情一定能换来爱人一个灿烂的笑容。

3.适当赞美的最佳时间:熄灯睡觉前5分钟

夫妻双方都需要被他人肯定或赞美的心理,你对配偶的赞美无疑是一首动听的"催眠曲"。夫妻俩睡在一张床上,关灯前营造一些温馨甜蜜的气氛,很有必要。

因此,做一对默契和谐的好夫妻,就要懂得什么时候说什么话,做什么事,不要在对的时间说错话,也不要在错的时间乱说话。其实,夫妻之间也需要一点谨慎和必要的尊重,这样的婚姻生活才会更加甜蜜,这样的婚姻才会长久地存在下去。

幸福婚姻忌"强"

随着社会的发展,女强人越来越多地涌现出来,她们在工作中以强为本,取得了事业上的成功,但是,却在无意中把"强"的影子带回了家中,带给了丈夫和孩子,从而忽略了自己作为妻子与母亲的角色。

之所以会出现这样的现象,是因为当今社会,传统文化对女性的定位形式遭到了挑战,因为性别平等的价值取向已经被越来越多的人所推崇。现代女性,她们需要独立,不再像以前那样,单纯地依赖爱情,对感情的需要也不再仅仅是来自婚姻家庭,她们更注重的是思想的共鸣和相互的理解。在婚姻中,不再安于从属的关系,而是追求一种朋友式的、互助式的关系。其实,这应该受到社会的尊重和支持。

诚然,事业已经成为现代女性实现自身价值的重要途径,

第五章　给婚姻一点儿空间

是女人自立的根基，这就使得不少女性终日都在忙碌自己的事业。在实际生活中，很多职业女性会在工作的时候，忘记了家人的存在，也忘记了自己应尽的责任，从而给家庭笼罩上不和谐的气氛。家人不理解，女人自己也很自责，其实，这不是女人的错，只是这个社会发展的结果，时代变化的结果，以及女人自身要强的性格，在不知不觉中增加了女人与家庭的分裂，也导致了婚姻的破裂。

细化来说，婚姻与事业有着紧密的联系。成功的事业成就了幸福的婚姻，婚姻的美满成就了事业的辉煌。只有婚姻与事业相辅相成，工作与家庭相得益彰，才是和谐的生活。如果一个人只是一味地投入工作，而将家庭抛于脑后，那么，事业的成功也会少了许多颜色。

一般比较优秀的现代女性，往往还是能够根据自己的能力来协调好事业与婚姻之间的关系的，调节自己在不同时间、不同场合的不同身份的角色。成功的女性，一般都能兼顾家庭与事业，将二者处理得都很好。

在一定程度上来说，现代社会已经抛弃了"男主外，女主内"的思维定式，因此，作为女强人的丈夫，如果你的妻子在事业上比你成功，比你做得强，做得大，你也不要自卑，不

要觉得不如妻子,这都没有必要。如果你能够当好妻子的"贤内助",辅佐妻子,在精神上给妻子鼓励,做好妻子强大的后盾,表现出一种维系家庭幸福的良好态度,你们的婚姻会在事业和家庭双丰收的幸福中一直陪伴你们到老。

当然,现在的家庭,大多数还是丈夫忙于事业,成就比较大一些,这时候作为事业型丈夫的你,一定很少有时间和精力照顾家庭,所以,如果你一周很少有在家的时候,所有家务都由妻子来承担,那么你可以在周末的早上早起几分钟,给妻子做顿可口的早餐。你要知道,妻子每天要料理三餐,操持家务,虽然看起来这一切都是很简单的事情,但是日复一日,很是辛苦,你要体恤她的辛劳,要用实际行动告诉她,你心疼她,让她的付出能得到你的认可和回馈,这无疑是婚姻幸福的一大法宝。

对于事业型的丈夫,作为妻子的你也要懂得理解和支持,不仅要照顾好在外打拼的丈夫,还要对丈夫的工作或职业有适当的了解和关心,以便在必要的时候给丈夫以帮助。即使在丈夫的工作中帮不上忙,但只要对他的工作需求有充分的了解和关心,在他遇到困难或失意的时候,送上你的鼓励和支持,同样可以使你对你们的婚姻更有同理心和耐心,你也会因此成为丈夫最聪慧的伴侣,让丈夫更加努力地为事业打拼和奋斗。

第五章　给婚姻一点儿空间

我们是女人，就要做好我们应该做的事情。无论我们是女强人还是家庭主妇，还是普通的上班族，我们都要记住：不管社会如何变迁，家庭、事业都不应该对立，它们是可以统一起来的。如果把事业当作一个家庭来享受，把家庭当作事业去经营，那么就可以营造最幸福的家庭。因为建立在事业上的家庭是最稳固的家庭，建立在家庭上的事业是最甜蜜的事业。

学会服软

年轻人在结婚前,一心陶醉在热恋中,总觉得对方有诱人的魅力和神秘的气质,而对方的缺点和其他不利于结合的因素,都在甜蜜的柔情细语中被忽略了。而婚后,这种被忽略的成分便一一显示出来。婚前,为博得对方的喜爱,总极力掩饰自己的短处,婚后,被掩饰的成分逐渐凸显,容易造成双方的矛盾。

我们都知道,婚前的爱情是不牢固的,即使再甜蜜,毕竟没有法律保护。所以婚前的牢固程度很低。如果将婚前爱情比喻成玻璃杯,那么婚后感情,就成了搪瓷杯,不再容易破碎,因此也就很容易忽略一些小问题,在一些不在意的情况下,这种散漫的心态会使双方发生很多小矛盾和小问题,进而出现很多导致婚姻破裂的现象发生。

热恋中,双方的接触多是间断性地接触,采取的多是谈心

第五章　给婚姻一点儿空间

的舒展形式,而不是婚后的连续接触。婚后,一般面对的是呆板的格式化生活,无形中就给爱情注射了麻醉剂,此时,如果处理不好,就会形成矛盾。一般说来,适当的间歇性接触和适当多变的生活内容,更容易激起感情的涟漪。

结婚对双方,特别是对嫁出去的一方来说,心理上常会出现陌生的感觉,诸如与对方父母相处的陌生,对周围环境、居住条件的陌生,对婚后新的生活方式的陌生等。这种心理负担和生活负担的加重,都有可能抵制、冲淡夫妻原有的热烈感情,引起婚后矛盾。当然,并不是每对夫妻都会因为上述原因出现矛盾,也并不是每对夫妻的婚后矛盾都淡化了爱情。事实上,大多数夫妻在婚后的矛盾期过后,感情都发展得更深沉、更牢固了。我在这里说的都是一些可能会出现的现象,或者是出现频率比较高的现象,当然不会那么绝对。

夫妻间出现矛盾是很正常的,也很容易理解。有矛盾就避免不了会发生争吵。争吵大战愈演愈烈,导致畸形家庭的出现。因为,长期的争吵,伤害了对方的感情,触犯了对方的自尊,使婚姻逐步失去了存在的必要条件。

预防是减少夫妻争吵的上策,这种方式可以把矛盾解决在萌芽之中。

著名心理学家乔伊斯·勃拉泽斯根据多年解决婚姻问题的经验，提出了一份"夫妻吵架守则"，供发生争吵的夫妻参考。主要内容如下：争吵时应限定一个主题，不要把不满意全端出来；绝对不允许动手打对方；不要在众人面前互相指责或责难对方；不应该轻易提出终止婚姻关系。

很多朋友跟我说过，每次吵架，不分出个胜负就觉得这架没吵完，我听后觉得有些可笑，感觉这些朋友都像小孩子一样。婚姻不是过家家，也不是上战场，婚姻是生活，原汁原味，实实在在的生活，至于分出胜负嘛？分出胜负，你又能怎样？他又能怎样呢？

我想说的是，有这种想法是大错特错的。

我记得美国著名婚姻心理学家欧尼尔在论述婚姻的时候曾这样说过："解决夫妻冲突，永远不要努力去赢。如果你们中有一个想赢，那么另一个只能输，否则冲突无法结束。然而，夫妻冲突中有一方输了，实际上也就是两个人都输，因为有胜负的冲突，总会把这种胜负渗到双方的深层感情中去。所以，要打赢亲密的对象，唯一的办法就是两个人都赢。"

有一次，英国维多利亚女王和丈夫发生了争吵，丈夫先回到卧室，把门锁上不出来。女王回卧室时，只好敲门。

第五章　给婚姻一点儿空间

丈夫问："谁？"维多利亚傲然地回答："女王！"丈夫既不开门，也没有任何声音。她只好再次敲门。丈夫又问："谁？"女王回答："维多利亚。"里面还是没有动静。女王再次敲门。丈夫再问："谁？"女王放下架子，柔声地回答："你的妻子。"这一次，门打开了。

为什么不给"女王"开门，不给"维多利亚"开门，而给自己的"妻子"开门呢？这其中就涉及一个身份的问题。维多利亚以女王那种居高临下的身份来面对自己的丈夫，丈夫自然难以接受，而当她放下了架子，回归到妻子的身份，实质上是学会了尊重和让步，自然也就冰释前嫌了。

夫妻之间争吵是难免的，而关键是看，一旦发生分歧，双方如何处理。我认为，夫妻之间在产生矛盾的时候，双方都应该学会宽容和让步，学会在平等的基础上来处理矛盾。

要记住，任何争吵都要速战速决。速战速决对缓和矛盾，消除紧张气氛极为有利。如果道理在你一方，你的速决就显示了你的胸襟和修养。如果你是理亏的，你得快速停战，表明了你有悔过之心，对方也可能就知趣地收场了。在此特别提醒丈夫们，你们是争吵的关键。婚恋心理专家说，每次争吵的最后一句话都是妻子说的，如果丈夫再多说一句，那就是另一场争

吵的开始。

  在生活中，还有些夫妻互相赌气，出现互不说话的"冷战"状态，其实这也是不对的。结婚初期，我和爱人之间也会出现这样的情况，彼此都不知道如何跟对方开口，最后使矛盾越积越深。后来，我们才知道，冷战状态是最可怕的，赌气之后一定要尽快和好，要有一方主动说话。先说话并不表示丢面子，反倒显示出大度和主动和好的态度。有时即使没有合适的话题，也要没话找话，这样做会比较容易打破僵局，恢复彼此的感情。

  无论是丈夫还是妻子，一定要记得争吵后，各自要冷静地思考一番，想一想是什么引起了夫妻间的争执，自己有没有错，该怎样和好等。围绕这些问题，认真总结经验教训，以防以后再犯。如果确实是自己错了，就要主动向对方承认错误，敢于承认错误的人是最真诚的人，也一定是一个懂得把握幸福的人。

第五章 给婚姻一点儿空间

重视夫妻之间的交流

日常生活中,随时能发现幸福的或不幸福的婚姻。就婚姻的主体而言,其实夫妻之间能否用心交流是幸福与否的关键所在。

一对男女,从相识、相知到相爱,再到登记结婚,或一马平川,或历经波折,或平平淡淡,或死去活来,只要成为夫妻,对大多数人来说就意味着从一而终,白头到老。这棵爱情之树的培植,需要很多营养,包括精神的、物质的,等等。夫妻间需要交流,尤其是要用心交流。

日本一家人寿保险公司曾经做了一次调查,发现日本夫妇,每天一般可交谈1小时50分钟,对此,他们觉得奇怪,日本夫妻每天竟有这么长时间在交谈。后来经过进一步核实才发现,不是"交谈",大多数情况下,是妻子在嘀咕,丈夫只是偶然点头或"哦唔"一声而已。调查还发现,日本丈夫和太太

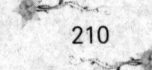

谈话的主题有三大项，就是"吃饭""洗澡"和"睡觉"。

对此，日本有位婚姻专家分析指出，日本离婚人数越来越多的一个原因，就是日本夫妻的"交谈"次数越来越少。

在社交艺术中，有一条经验为：沉默是金。而家庭内，特别是夫妻间，如果也"不苟言笑"，或感到"无话可说"，那你就得警惕了：两个人的关系是不是出现了危机。

男人娶妻，除生儿育女繁衍后代外，还有一个重要的好处，那就是半夜时分，两个人各抱一个枕头，说"枕边话"。话题从不受限制，身心放松，温情脉脉，却又自由自在。有些话与朋友、同事或上司进行交流，可能成为坏话、性骚扰或阿谀奉承……但夫妻间小声密谈，却是一种享受，一种亲密的沟通。

我们总是强调夫妻之间出现了问题要开诚布公，但是如果不沟通交流，又何来的坦诚相见呢？

交谈能让对方知道你心里想什么，也从对方的言谈中，了解她的需要、渴求、甚至忧虑。用心交谈，比接吻质朴、深远，娓娓叙来，一种"同谋"的感觉，使得两人更感性地领略到什么叫"知心"，什么叫"战友"。

看了下面这两个例子，也许你会对婚姻和人生有更深一层的思考。

第五章　给婚姻一点儿空间

故事一：丈夫忽略和不尊重妻子的劳动。

妻子在家用整整六个小时打扫房间，每个角落都清扫得一尘不染。她满怀希望地等着丈夫回来夸她两句，没想到，丈夫到家时又累又饿，只知道打开电视机看足球赛。一句赞扬的话都没有，甚至连屋子变了模样都没发现。在以后的半个小时中，妻子的劳动成果就被丈夫糟蹋得面目全非。在这个原本宁静的周末，怒不可遏的妻子挑起了一场超级大战。

故事二：人虽近，心却远。

李刚和孙悦非曾经是大学里很令人羡慕的情侣，两人感情很好，都追求浪漫，彼此欣赏。毕业后两人分在不同的城市，四年鸿雁传书，反而加深了他们对彼此的想念。可结婚不到半年却劳燕分飞。李刚苦恼地说，原来他一直对女友过于迁就和宠爱，结果在一起生活却受不了她的任性和坏脾气。但是，孙悦非却觉得是李刚变心了，原来他一直都非常容忍甚至欣赏她的个性，可是结婚之后，怎么一切都变了呢？她百思不得其解。

对于上面这两个故事，你是否感同身受呢？其实，夫妻间的距离感的产生，都是因为彼此间的亲密度不够，或者说，在结婚之后，大家都忽略了亲密度的培养，所以使得很多问题乘

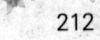

虚而入。

在这里，我想给大家如下建议，希望大家可以借此用心经营好你们的婚姻，不要再与幸福的生活擦肩而过。

当然，需要明确的是，我所说的亲密，不是如一般人想的那样，是身体的接触。其实，身体上的亲密是以情感上的亲密为基础的，身体上的亲密不仅包括肉体的接触，更包括感情的结合。如果伴侣中的一方或双方不肯主动敞开心扉、拆除藩篱，亲密关系就很难发展。维系一个家庭的存在，感情是最重要的，所谓看在孩子分上，看在老人分上，或者看在钱的分上，夫妻俩应该如何如何，这些要么不能长久，要么存在得非常痛苦。所以，要想建立和保持一个幸福的家庭，还要从根本上解决问题，那就是夫妻要营造好的感情，保持亲密。

但是，亲密感不是自发产生的，要靠交流来创造和维持，通过交流才能互相了解。否则就是成双成对的"陌生人"，结婚很多年，却仍然感觉很孤单，相互间也有隔膜。

第五章　给婚姻一点儿空间

婚姻需要用心感受，用心交流

现在作为职业人的夫妻俩通常都很忙。在有可能的情况下，夫妻俩还是应该主动寻找话题进行思想上的沟通。

沟通和交流是一门艺术。夫妻间的情感交流是必要的，也是需要谨慎对待的。一般来说，交谈分为五个层次：

第一个层次：仅限于交流信息。

第二个层次：以谈论他人的意见和看法为主。

第三个层次：能产生一定的亲密感，与配偶交流各自的意见，也揭示了自己的部分想法，同时也冒着受到轻微伤害的危险，但仍然没有暴露出真实的自己。

第四个层次：包含了更进一步的亲密关系，你会说出自己的喜好、信念和关注的问题以及某些人生经历。

第五个层次：是交谈与沟通的最高层次，会说出内心的

感受和好感，会把内心世界赤裸裸地展现在对方面前，已经不限于谈论事件、信念或看法了。而会谈论这一切对你有什么影响，对你的内心情感有什么样的触动。在这一层次上，你们不再是用嘴交流，而是用心交流。

要和爱人做最好的朋友，当然就要经常达到第五个层次的交流。没有芥蒂的真诚谈话，有助于稳固和发展夫妻关系，不仅你能找到伴侣心的位置，也能让对方感受到你的心，这种感觉非常重要。

夫妻之间在交流的时候，需要注意以下几点：

1.交流的基础是学会倾听

倾听是一种关怀，是一种爱的表现，是一个人送给另一个人的一件非常珍贵的礼物。倾听的时候，你的注意力完全集中在对方的话语上。倾听的时候，你完全接受对方所说的话，而不去评判话的内容和说话方式。要真正做到洗耳恭听，你就必须关心配偶的感受和观点，尽量从对方的角度理解这些感受。

倾听是对周遭发生之事的深切关注，是主动向配偶敞开心扉。倾听是完全置身于一种状态之中，无论配偶想说什么，都给予积极响应。倾听意味着，你需要在必要的一段时间内，抛弃自己的顾虑、要求和对自身的关注，转而关注你的配偶。当

第五章 给婚姻一点儿空间

你说话的时候,通常无法了解真相,但是倾听肯定能让你了解真相。认真听对方讲话,而不能一会儿瞥一下电视,一会儿看一眼手机,一副心不在焉的样子。

2.别让猜疑毁了婚姻

在异性交往中,女性通常都期待男性采取积极的行动,而自己仅需要"等待"。因此,当男性把目光移到其他女性身上的时候,就引起了女人的排斥心理及对其他女性的嫉妒。同时,由于女性过去在社会上更多扮演的是被动的角色,她们时刻都需要排除给自己带来威胁的障碍,于是猜忌心理就不可避免地产生了。

其实,女性的吃醋是由于过分地依赖男人,而自己的地位又不甚安定引起的,可以说是一种迫不及待的自我防卫心理的表现。还有一点是因为女性的心思过分缜密,对周围的动静十分敏感。她们往往使自己无法解脱,总担心自己的价值得不到他人的承认,总担心自己的爱人因为自己的原因而移情别恋。由于女性这种狭隘的心理或性格,所以比较容易产生嫉妒心。

人们常说女人的心很难猜,确实如此,女性的情感变化难以捉摸,当女性发觉她的爱人对她的爱有所减弱时,就会采取疏远的行为,以退为进,或声东击西,用故意对别的男性表示

好感的方法来刺激恋人，以求锁住他的心。

其实，无论是恋爱中的青年男女，还是已经缔结百年之好的夫妻，当看到自己的恋人、爱人与其他异性书信往来、一块活动时，常常觉得心里很不是滋味，这即是"嫉妒"，俗名"吃醋"。

唐太宗当年赐予爱臣房玄龄几名美女做妾，房玄龄不敢接受。李世民于是料到房夫人应是个悍妇。于是唐太宗派太监持一壶"毒酒"传旨房夫人，如果不接受这几名美妾，即赐饮毒酒。夫人面无惧色，接过"毒酒"一饮而尽。结果并未丧命。原来壶中装的是醋，皇帝以此来试探她，开了一个玩笑。于是"吃醋"的故事传为趣谈。

"吃醋"是一种正常的心理反应，是爱和关心的别样表现，潜意识里则是感情专属和害怕失去的一种保护。恋爱或婚姻中，如果两个人对彼此视而不见，一点儿醋意都没有，爱情也就淡然无味了。

从心理学的角度来分析"吃醋"的原因：

一是吃醋是对自己没有信心的表现。

二是吃醋者本人是一种比较自私的人，凡事只想到自己的感受。

第五章　给婚姻一点儿空间

记得有哲人说："吃醋者永远通过放大镜看事物，它把小事变成大事，把矮人变成巨人，把推测变成事实。"当然，在这方面，心理学家也为我们提出了很好的建议，他们认为恋爱过程中要学会吃醋，这里所说的"吃醋"指的是在恋爱过程中，适当地向对方表示自己的醋意，既表明你很爱对方，很在意对方的行为，又可以更强烈地激发对方对你的爱慕之情。适量的"醋"是爱情的良好调味剂。另外，"吃醋"也可以激发追求的勇气。假如你一直暗恋某人，却羞于表达。当你看到他和异性在一起时，一定会产生浓浓的醋意，使你鼓起勇气表达爱慕之情。还有，用"吃醋"的方式，可以刺激强化恋人的爱，锁住恋人的心。如果你暗中喜欢他，也可以用同异性交往的方式，刺激对方的心灵。但无论如何，一定要把握好"吃醋"的度哦！

事实上，除了女性，男性也有吃醋和猜忌的心理，只不过男人的吃醋心理往往是从占有欲的角度出发的。也就是说，将女性作为了自己的"私有财产"。他们希望妻子不同其他异性往来，只供他一个人"欣赏"，这才是对爱情的忠贞。如果发现妻子与异性有交往，就醋意大发，怀疑妻子的行为不端。严格说来，这种心理状态已经不属于爱了。

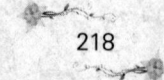

但是，夫妻双方都要记住，猜忌也好，吃醋也罢，都要有个限度，如果太离谱，那就可能导致婚姻破裂。看过了别人的分分合合之后，我们要知道，任何后悔药也无法弥补两颗心的渐行渐远，况且，这个世界上根本没有后悔药。

作为男性，如果猜忌的心理过分严重，不仅不能防微杜渐，反而会令自己丧失原有的吸引力。当男性想尽办法要阻止对方变心的时候，所出现的多疑、无理取闹、狭隘、自私等行为就会把男性的优点和长处掩埋掉，让自己在爱人心中的地位一落千丈。

有猜忌之心的男人，经常会采取限制、盘查、控制等手段来提高爱情的保险系数。表面上是防范对方，实质上是以转向攻击的方式弥补自己。有些男人对自己缺乏足够的自信，老是担心自己没有足够的吸引力，无法令爱人抵御外面的诱惑，于是就千方百计地刺探对方的情感动向，以为这样做就能留住爱人。其实，这样做的结果一定会引起对方的反感，使事情适得其反。

高尚的爱，除了对爱人的情感执着外，更表现在处处为她付出心血的行动中，而不是一味地从对方那里索取感情。男性的嫉妒心理及行为表现，其目的在于巩固和把握爱，但却常常

事与愿违，导致爱的消失。

猜忌心理都是过于在乎对方的表现，只要想点办法，还是可以化解的。

1.男人要对婚姻爱情忠贞不渝

这个方法是消除妻子猜忌的最有效方法。丈夫一定要注意自己的行为作风，用实际行动加强妻子对自己的信任。

2.妻子要注意与异性交往时的分寸

妻子在社会交往中，要注意把双方的感情严格地控制在友谊的范围内，坦坦荡荡。这样，就会减少丈夫起疑心的客观因素。一般来说，男性不愿意主动地提出自己的猜忌，所以妻子应该控制住自己的感情，选择一个适当的时机，心平气和地让丈夫说出对自己的怀疑。如果丈夫不肯谈，或者吞吞吐吐，那么妻子就要耐心地开导丈夫，使丈夫解除思想顾虑，根据丈夫提出的疑点，妻子要详尽地把情况讲清楚，这样就可以避免误会加深，及时重归于好。

3.妻子不要过于冲动

从一个女性的角度来讲，女性是感性动物，感情一般比较冲动，稍有猜疑就会付诸行动。有时候不仅使丈夫陷入家庭中的小圈子，也妨碍了丈夫的正常工作和社交。同时，由于凭

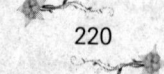

借自己的主观猜测编出了第三者，往往会伤害了对方，造成不好的结果。所以，妻子在遇到类似问题的时候，应该学会冷静地看待问题和处理问题，不要一时冲动做出无法挽回局面的事情，得不偿失。

4.丈夫要有一种积极的心态

丈夫对待妻子的猜忌也应该从积极方面考虑，因为妻子是出于对丈夫的爱，怕失去丈夫才会有这样或那样的猜忌之心。丈夫要理解妻子，同时也要用实际行动告诉妻子，你爱的只有她一个人。从这个角度去想，丈夫就能冷静下来，火气就能消失。

夫妻之间产生误会、猜忌，往往是由于缺乏感情上的交流所致。如果双方都能够注意保持热烈的感情，经常谈心，那么，任何猜忌、误会都不会出现，所以夫妻双方要注意情感的沟通。

第五章 给婚姻一点儿空间

夫妻之间要互相欣赏

婚姻，就是两个陌生人因为爱情走到了一起。步入婚姻之后，成为彼此的终身伴侣，这就是缘分，但是生活却是有苦有乐。因为两个人的相处必然会有摩擦，这是婚姻的烦恼。但是我们又不能输给烦恼，我们还要继续我们的生活，那么我们该如何处理婚姻中的种种矛盾呢？

与婚后的夫妻不同，热恋中的人总是以互相欣赏的目光走进二人朦胧、甜蜜而又温馨的世界。但是婚后，尤其是过了几年之后，这个美好的婚姻"世界"就渐渐变得清晰了。于是，相互欣赏的目光也有些板滞、有些挑剔，甚至根本看不见欣赏的目光了。这时，夫妻双方往往会出现一些摩擦和矛盾，家也因此少了一点甜蜜和温馨。如果一不小心，也许就会断送一段姻缘。

在恋爱期间，男女双方的心理期待难免有些浪漫色彩：女方希望自己的情侣是完美无瑕的"白马王子"，男方希望自己的恋人是美丽绝伦的"白雪公主"。婚后，双方的心理期待

则现实多了,周而复始的家务劳动,代替了花前月下的窃窃私语。由"浪漫"到"现实"所造成的反差,往往会使夫妻关系出现不和谐的"变奏"。

看看周围的人我们就会发现,其实两情相悦的恋人,结婚后未必是一对美满幸福的好夫妻。其中的原因很多,但最根本的原因是大家都不太了解恋爱心理和婚姻心理的本质区别,没有进行从恋爱心理到婚姻心理的适当调整。

如果我们结婚之后,仍然用恋爱心理所形成的眼光看待生活理想、夫妻关系与生活方式,不能实现角色的顺利转换,那么婚姻心理素质就会迟迟难以建立和完善,因而夫妻关系出现了种种"裂痕",这便需要及时修补,否则婚姻就会出现危机。

那么,夫妻应该如何重新寻找回来甜蜜而又温馨的二人世界呢?如何找回初恋的感觉,让爱情常新呢?

夫妻之间要时常互相欣赏,这也是心理学家一致赞同的观点。每个人都有渴望得到别人欣赏的心理需求。得到别人的欣赏,是一种精神上的抚慰,它会让人产生美妙的感觉。夫妻感情需要培植,而互相欣赏则是关键。因此,处理夫妻关系最忌讳忽视对方的积极表现。如果喜欢对方的某些行为,那么一定要抓住机会,加以欣赏。欣赏的前提是发现,夫妻间最有价值的欣赏

第五章　给婚姻一点儿空间

是别人没有觉察到的长处和细微的进步，因为这才是知己者的欣赏。人与人之间的互相欣赏，可以有效调整夫妻婚姻心理，促进夫妻之间的亲密和谐关系。

1.相互欣赏可以保证爱情长久不衰

夫妻间想要始终保持如胶似漆的爱情，就要学会善于发现和欣赏对方的长处，要善于肯定对方的成绩。任何人都不会排斥真诚欣赏自己的人，你以惊喜的目光欣赏对方，对方也一定会以诚挚的表达给予回报。

2.丈夫欣赏妻子，会让妻子更有自信，更美丽

对于丈夫来说，如果妻子改变了发型，你不妨认认真真地观赏一番，道一声："真漂亮，显得真年轻！"如果妻子刚刚从商场买回一件新衣服，丈夫一定要她在自己面前试一试，并走到妻子跟前仔细端详，露出满脸喜悦的神情，嘴里还要一连声地说："眼光比我强，这衣服你穿着非常好看，人也更精神了，不错！"

从你的言谈举止中，妻子会获得良好的心理满足。因为作为妻子，没有比丈夫的赞赏更有意义的了。即使是长相一般的妻子，只要丈夫认为她美，并且能够准确指出她的独特之处，表示出发自内心的赞美和爱，她就不会为自己的相貌平平而担

心和苦恼了。因为丈夫对她的满意和良好评价，使她在心理上确立了自己的位置，找到了自己的价值。

3.妻子欣赏丈夫，丈夫会有成就感，会感到非常满足

比如，你的丈夫看到别人制作的山水盆景很好看，就自己动手做了一个。当他兴高采烈地请你欣赏时，如果你对丈夫的手艺表示赞扬，尤其对他的大胆实践给予鼓励的话，他听了之后，心里一定是美滋滋的。即使你很委婉地指出他在制作工艺方面的不太理想之处，他也会很高兴地接受。夫妻之间语言上的友爱和关心，是必要的，不要以为在恋爱期间说了那么多甜言蜜语，婚后就不必说了。

可见，夫妻间的互相欣赏是非常重要的，不但可以融洽夫妻间的关系，还可以帮助夫妻更好地经营生活。

互相欣赏的反面是互相挑剔，是吹毛求疵。有些夫妻关系紧张，一个重要原因就是他们只知道挑剔而不知道欣赏。有些人谈恋爱时看到对方的都是优点，可是一旦结婚，看到对方的却都是缺点。这种眼光的转变，实在是婚姻走向悲剧的开端。的确，既然你选择了现在的爱人，那么你一定是欣赏他身上的某些优点和超过别人的长处。否则，一个浑身上下一无是处的人，你怎么可能接纳呢？

第五章　给婚姻一点儿空间

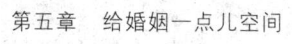

生活中，有的夫妻平时不注意互相欣赏，觉得结婚日久，已没有必要和兴趣去特别留意对方，这样，久而久之，双方就感到陌生了、疏远了，彼此都觉得和自己生活在一起的爱人仿佛是一个随便遇上的陌路人，婚姻生活越来越寡淡无味，所谓夫妻不过是暂时投宿的客栈罢了。一旦出现此类情况，"爱情联盟"则可能很快"土崩瓦解"。所以，希望已婚的朋友们能够从多侧面、多角度欣赏自己的爱人，在互相欣赏中，使双方的感情更加愉悦和融洽。

所以，即使在婚后，夫妻之间也要经常互相欣赏，不要因为两人朝夕相处就对对方的优点视而不见了。对爱人身上的优点视而不见，这是十分危险的；如果你的爱人的优点在你眼中逐渐消失了，甚至变成了缺点，那说明你们之间的感情有了问题。

不要以为夫妻之间互相欣赏的话语是"闲话"，是"废话"，是虚伪的。从夫妻心理交流来说，实际上"闲话"不是"闲"，"废话"不"废"。看上去是闲话和废话的交流语言，正是夫妻心理状态、心理倾向的最无功利、最纯粹的自然流露。

所以，我们一定要谨记：夫妻之间的相互欣赏，是夫妻共同生活中的一项内容，也是夫妻之间交流情感的一个重要方面。懂得欣赏，生活会更美好。

婚姻需要经营，不需要改造

我曾经看过一些关于心理学方面的书籍，书中说，一个人的眼神可以透露出许多有关他的信息。某人不正视你的时候，你会直觉地问自己："他想要隐藏什么呢？他怕什么呢？"

一般来说，不正视别人通常意味着："在你旁边我感到很自卑；我感到不如你，我怕你"。躲避别人的眼神意味着："我有罪恶感；所有反应出来的都是一些不好的信息"。

而正视别人，就等于是在告诉他："我很诚实，而且光明正大。我告诉你的话是真的，毫不心虚"。

因此，你要让你的眼睛为你工作，就是要让你的眼神专注于别人，这不但能给你信心，也能为你赢得别人的信任。

在与好友相聚的时候，很多男人都会这样说："你太幸福了，看你老婆多好呀，出得厅堂，下得厨房……""你老婆对你真好，总是柔声细语，哪像我们家那位，简直就是个母老虎……""你可真有福气啊，家有仙妻……"

这样的话在生活中出现的频率很高，而且还不是一两个人这么说，这是为什么呢？难道真是"老婆是人家的好"吗？

其实，让男人产生这种感觉的原因主要有以下三个方面：

1.男人的"心态"在作祟

心理决定心态，心态决定行动。为什么婚前的男人总是觉得自己的女朋友是最好的？因为情人眼里出西施。可是女人还是同样一个女人，一旦结婚或是结婚久了，男人就觉不出老婆的好来了，这又是什么呢？妻子终归是妻子，居家过日子，家务琐事，磕磕碰碰，难免口角，很容易看着不顺眼；而婚姻以外的女人，完全没了家务琐事、磕磕碰碰，只有彼此的逢迎，而且会有意地掩饰自己不足的一面，尽量展示自己优越的一面。也许这个"别人的老婆"其实是个"河东狮吼"或是"东海的母夜叉"，此时此刻也会柔声细语、婀娜多姿，如此，男人愈发觉得"老婆还是别人的好"。

2.男人的"苛求"在起怪

人无完人，女人当然也是如此。但是不少男人在婚后总是会对妻子百般苛求，要求妻子既要出得厅堂，又要下得厨房。另外，也有不少男人总是不知不觉地拿妻子的短处跟别人老婆的长处比，这样比下来的结果就是对自己的老婆有一百个不满意、一千个不如意，越看越不顺眼。这就是问题的症结所在：

站在欣赏宽容"不求"的角度看别人的老婆，站在挑剔求全"苛求"的角度看自己的老婆，男人当然会形成所谓"老婆还是别人的好"的错觉。

3."距离"惹的祸

婚后，丈夫与妻子朝夕相处，耳鬓厮磨，时间一久，新鲜感就会渐渐消失，于是对别的女人充满了新鲜感和好奇。而这种新鲜感的产生是因为有距离，好比雾里看花，朦朦胧胧，似清非清。距离太近了，看得太清楚了，新鲜感也就不在了。

换句话说，老婆就像一本书，初看时兴致盎然，废寝忘食，孜孜不倦。看完以后，知道了整个故事情节，就会失去新鲜感，将其扔在一边。因此，夫妻之间不妨时不时分开一段日子，以便重温"小别胜新婚"的滋味！

对于丈夫而言，在生活中，与你同甘共苦的是妻子，与你休戚与共的是妻子，与你生死相伴的是妻子，所以，男人们请好好珍惜你的妻子。

英国伟大的政治家狄斯瑞利说过："我一生或许会犯许多错误，但我永远在打算为爱情而结婚。"他在35岁以前没有结婚。后来，他向一位有钱的、头发苍白且比他大15岁的寡妇——思玛莉求婚。也许你们会问，他们之间存在爱情吗？她知道他不爱她，知道

第五章 给婚姻一点儿空间

他为了她的金钱而娶她！所以她只要求一件事：请他等一年，给她一个机会研究他的品格。一年的期限终于到了，最终她与他结了婚。

回头再看狄斯瑞利的婚姻，他所选择的有钱寡妇既不年轻，也不美貌，更不聪敏。她说话时常发生文字或历史的错误，令人发笑。例如，她对服装的兴味古怪，她对房屋装饰的兴味奇异，但她是一个天才，一个在婚姻中最重要的事情——懂得处置男人的艺术的天才。

这些与他的年长夫人在家所过的时间，是他一生中最快乐的时光，她是他的伴侣，他的亲信，他的顾问。每天晚上他由众议院回来，告诉她日间的新闻。而这是重要的——无论他从事什么，恩玛莉从不相信他会失败。

无论她在公众场所显示出如何无知，或没有思想，他也从不批评她，他从未说出一句责备的话；而且，如果有人敢讥笑她，他即刻起来猛烈忠诚地护卫她。

恩玛莉不是完美的，但30年来，她从未厌倦谈论她的丈夫，称赞他。结果呢？"我们已经结婚30年了，"狄斯瑞利说，"她从来没有使我厌倦过。"

恩玛莉习以为常地告诉他与她的朋友们："我谢谢他的恩

爱,我的一生简直是幕很长的戏剧。"

在他俩之间有一句笑话,"你知道的,"狄斯瑞利会说,"无论怎样,我不过是为了你的钱才同你结婚的……"恩玛莉笑着回答说:"是的,但如果你再重选择一次,你就要为爱情而与我结婚了,是不是?"而他承认那是对的。

30年来,恩玛莉为狄斯瑞利而生活,她珍惜自己的财产,因为那能使他的生活更加安逸。反过来说,她是他的女英雄,在她死后他才成为伯爵;但在他还是一个平民时,他就劝说维多利亚女王擢升恩玛莉为贵族。所以,在1868年,她被封为毕根菲尔特女爵。

这故事听起来有些好笑,也够矛盾的,但是却为我们诠释了婚姻的真谛,他们是我们所有人学习的榜样。

正如詹姆斯所说的:"与人交往,第一项应学的事情就是不要干涉他们自己快乐的特殊方法,如果那些方法与我们不相冲突的话。第二项原则是:不要试图改造你的配偶,如果你想让你的家庭生活快乐。"

婚姻需要经营,而不是试图改造什么。珍惜你们的现在,好好生活。